ドラム・スティックコントロール

Drum Stick Control

ドラムでリズム譜に強くなる！ 4STEP 上達法 615

森谷亮太 著

まえがき

皆さんこんにちは！
ドラム講師の森谷亮太です。
この度は本書を手にとっていただいてありがとうございます。

ドラムの練習をしていて
「基礎練習が大切なのはわかるけど、これって何に役に立つの？」
と思ってしまうことってありませんか？
上達できることを信じて取り組む「基礎練習」も
わけもわからずやるだけでは「単純作業」になってしまいます。

上達するためには「目標」を定める必要があります。
目標に到達するための「行き方」が間違っていたら目標に辿りつきません。
目的に沿わない基本練習をしてしまうと、上達しにくいのです。

そこで本書では
「リズム感を鍛える練習」
「アクセントを鍛える練習」
「ダブルストロークを鍛える練習」
「スピードを上げる練習」
などなど、身につけられる感覚をカテゴリー別に分けて
実際のレッスンでよくある、うまくいかない症例と解説を添えて、リアルに掲載しております。

そして、全てのフレーズに口（クチ）ドラムを掲載し、馴染みのある言葉も当てはめて
「楽譜が読めなくても練習できるドラム教則本」を目指しました。

自分の弱点を見つけたときや、伸ばしたいことを見つけたら
その項目に沿ったページを開いて、練習してみてください。
そして練習動画をぜひSNSにアップし、ご自身のアウトプットに役立ててください。

《＃口ドラム本》
《＃森谷ドラムスクール》

とハッシュタグを付けて投稿していただければ、皆さんの投稿に「いいね！」しに行きますね！

「楽しさ」は少し先にあるので、「楽しさ」を得るためには「努力」が必要。
ドラムの練習は地道な努力の積み重ねです。

もしも「ドラムの才能」があるとすれば
その「楽しさを得るための努力を、楽しむ」ということが「才能」なのではないでしょうか。

本書が皆様の「楽しさ」の一部になりますように。

Contents

第1章　基礎知識と基礎フォーム

スティックについて……………………………………………… 6

基本フォーム…………………………………………………… 11

リズムを理解しよう…………………………………………… 17

本書で使用しているドラム譜………………………………… 22

第2章　リズム感を鍛えるスティックコントロール

基本の音符を鍛えるスティックコントロール

基本の音符を鍛える…………………………………………… 24

休符を鍛える…………………………………………………… 26

16分音符を鍛える …………………………………………… 28

付点音符を鍛える……………………………………………… 30

音符の足し算 1拍のタイミングを鍛える…………………… 32

3連符を鍛える ………………………………………………… 34

6連符を鍛える ………………………………………………… 36

アクセントを鍛えるスティックコントロール

16分音符の1発のアクセント ……………………………… 38

16分音符の2発のアクセント ……………………………… 40

3連符のアクセント …………………………………………… 42

6連符の1発のアクセント …………………………………… 44

6連符の2発のアクセント …………………………………… 46

5連符のアクセント …………………………………………… 48

ポリリズムを鍛えるスティックコントロール

16分を3つで割った3拍4連① ……………………………… 50

16分を3つで割った3拍4連② ……………………………… 52

3連符を2つで割った2拍3連 ……………………………… 54

3連符を4つで割った4拍3連 ……………………………… 56

16分を5つで割った5拍4連 ……………………………… 58

シンコペーションを鍛えるスティックコントロール

8分音符のシンコペーション………………………………… 60

16分音符のシンコペーション ……………………………… 62

column 音符や手順の複雑さに負けず、楽しく練習する方法 …… 64

第3章　ルーディメンツを鍛えるスティックコントロール

ダブルストロークを鍛えるスティックコントロール

ダブルストロークを鍛える…………………………………… 66

ダブルストロークでチェンジアップ………………………… 68

アクセントの動作でダブルストローク① …………………… 70

アクセントの動作でダブルストローク② …………………… 72

パラディドルを鍛えるスティックコントロール

パラディドルを鍛える··· 74

パラディドルでチェンジアップ··· 76

いろいろなパラディドル·· 78

パラディドルのアクセント移動··· 80

フラムを鍛えるスティックコントロール

アクセントの動作でフラム·· 82

2発アクセントの動作でフラム ··· 84

フラムルーディメンツを鍛える··· 86

ドラッグを鍛えるスティックコントロール

アクセントの動作でドラッグ·· 88

ドラッグルーディメンツを鍛える····································· 90

ヘルタを鍛えるスティックコントロール

ヘルタを鍛える①··· 92

ヘルタを鍛える②··· 94

バズロールを鍛えるスティックコントロール

バズロールを鍛える··· 96

column 緊張の正体と克服法 ···································· 98

第4章　スピードアップのためのスティックコントロール

スピードを鍛えるスティックコントロール

ストーンキラー··· 100

ダブルストップ··· 102

短いシングルストローク①·· 104

短いシングルストローク②·· 106

右手と左手の分離

アップダウンと左手の分離·· 108

片手4分音符と片手チェンジアップ ································· 110

片手8分音符と片手チェンジアップ ································· 112

16分音符と左手の分離 ··· 114

column 練習時間を無駄にしない、集中力を発揮する方法 ···················· 116

第5章　手足を鍛えるスティックコントロールの応用練習

手足のコンビネーション練習

シングルストロークを応用·· 118

ダブルストロークを応用·· 120

パラディドルを応用··· 122

16分音符アクセントを応用 ··· 124

16分音符2発アクセントの応用 ······································· 126

16分音符3つ割りを応用 ··· 128

ルーディメンツ··· 130

コンパウンドスティッキング·· 132

ドラム·
スティック
コントロール

第1章 | 基礎知識と基礎フォーム

第1章 | 基礎知識と基礎フォーム

スティックについて

スティックの各部名称

ここではスティックの名称について紹介。スティックもドラムと同じく「楽器」なので、握り方や、持つ場所、打面に当てる場所によって表現は大きく変わる。また重さや長さ、材質や形状によってなど、スティックが変われば音も変わるので、スティックの特徴をしっかりと理解し、自分に合ったスティック選びをしていこう。

チップ　　ショルダー　　　　　　シャフト　　　　　　　　　グリップ　　グリップエンド

- ●チップ …………… スティックの先端部分。
- ●ショルダー ………… チップから徐々に太くなり、一番太くなるところまでの部分。
- ●シャフト …………… ショルダーからスティックを握る位置までの部分。
- ●グリップ …………… スティックを握る部分。
- ●グリップエンド ……… グリップの端の部分。

スティックの材質

■サウンド面での影響

ドラム・スティックの素材は主にヒッコリー、オーク、メイプルの3種類。木の素材が硬いほど音も硬くなり、柔らかいと音も柔らかくなる。スティックの材質は特に金物（シンバル類）に大きく影響する。またスティックの重さは音の重さにつながるので、スティックが細くて軽いほど繊細な音が出しやすく、スティックが太くて重いほど音も重くなり、ラウド向きとなる。

ヒッコリー
適度な重さ、堅さが特長。扱いやすくオールジャンルに幅広く使える定番の材質。

オーク
堅くて重いのが特長。折れにくく耐久性も抜群で、パワフルなサウンドを鳴らせる。ロックなどの激しいジャンルに適している。

メイプル
非常に軽く、少し柔らかいのが特長。繊細なコントロールをしやすく、ジャズやクラシックなどのジャンルに向いている。

チップの材質

スティックの最先端であるチップは、ドラムのヘッドやシンバルに直接触れる部分で、サウンドや打感への影響が大きいパーツ。チップが欠けてしまうと、ドラムを叩いた際のリバウンドの角度が狂いコントロールしにくくなるので、チップが欠けたタイミングで、買い換えることをおススメする。

ウッドチップ

スティックと同じく木でできている「ウッドチップ」。丸みのある柔らかいサウンドになる。

ナイロンチップ

チップがナイロンになっている「ナイロンチップ」。シンバルを叩いたとき、音の輪郭がハッキリする。

チップの形状

チップの形状の違いとしては、真ん丸に近いほどリバウンドも安定し、音のバラつきが少なく扱いやすい。また先が尖っていくほど、角度によって音の変化をつけられるようになるが、コントロールが難しくなる。またチップの大きさによってもサウンドの変化がある。

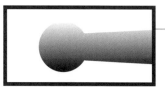
丸型（ボール型）
丸型のチップはどんな角度で叩いても打面への接地面が一定になるため、音のバラつき出にくいのが特長。初心者にも扱いやすい。

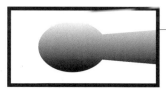
卵型
叩く角度による音の変化はそこまで大きくないが、その分音のバラつきも出にくい。丸型同様扱いやすいチップ。

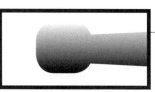
四角型（スクエア型）
チップの側面が少し平面っぽくなっているので、丸型や卵型よりも、もう少し音量が出やすいのが特長。全体的には丸いので、比較的扱いやすく音のバラつきも少ない。

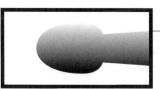
涙型（ティアドロップ型）
卵型に似た形だが、先の方が少し平たくなっており、より角度による音の変化をつけられるチップ。

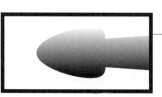
円錐型（トライアングル型）
チップの形状が三角形に近いタイプ。角度によって接地面積が大きく変わるので、叩く際の角度でかなり大きく音を変化させることが可能。

スティックの選び方

スティックはたくさんの種類があるので選ぶのが大変。ドラム歴が長くなれば自分のプレイスタイルに沿ったスティックが見えてくるが、ドラムを始めたてのときは迷ってしまう。そこで初心者の方でも扱いやすい、スティックのチェックポイントをまとめてみたので参考にしてみてほしい。

スティック選びのチェックポイント

1　サイズを確認する
太さや長さの確認。5Aが各社の標準サイズとなる。（径14mm～14.5mm／長さ400mm前後）

2　材質を確認する
ヒッコリーが適度な重さと堅さで扱いやすい。

3　重さを確認
重すぎず、軽すぎない。秤を置いている楽器屋さんもあるので、左右の重さもチェック。

4　チップの形状を確認
丸型、四角型、卵型がリバウンドが安定するので扱いやすい。

5　密度を確認
スティックで頭を軽く叩くと密度がわかる。音が低いものは密度が低く折れやすい。

6　曲がっていないか確認
スティックが曲がっているとリバウンドが安定しないので、スティックを転がし曲がっていないか確認しよう。

上記のチェックポイントを満たした、初心者でも扱いやすいスティック

Pearl 110HC
- ■サイズ　径14.5×長さ398mm
- ■材質　ヒッコリー
- ■チップ形状　卵型

TAMA H2145-B
- ■サイズ　径14.5×長さ406mm
- ■材質　ヒッコリー
- ■チップ形状　四角型

好きなアーティストのスティックを使ってみるのも良い！

各メーカーからアーティストモデルのスティックが発売されているので、スティック選びに迷ったら好きなアーティストのスティックを買ってみるのも良い。実際に使っていくうちに、「もう少し軽い方が良いな」「もう少し細い方が良いな」というこだわりが出てくることがある。スティック選びに限らず楽器選びは、直感的に好きだと思ったものが、何年も付き合っていく相棒になることがあるので、素直にときめいたものを選ぶことも重要だ。

いろんなスティック

プレイスタイルやジャンル、曲によっていろんな表現を可能とするために、さまざまなスティックが存在する。「このスティックを使って演奏されている曲はどんな曲だろう……」と、聴く音楽の幅を広げることにも繋がる。そんな新たな発見をし、気付きを得るためにも、あらゆるスティックを使ってみるのも良いだろう。

ブラシ
たくさんの細いワイヤーをブラシ状に束ねたもので打面をこすったり叩いたりして音を出す。

ロッズ
たくさんの細い竹ひごをまとめて固定したもの。音量を適度に下げられ、スティックだとうるさいがブラシだと静かすぎる。というときに便利。

マレット
マリンバなどの鍵盤打楽器やティンパニなどの打楽器で演奏する際に使われる。綿糸でできているものやゴム製など、いろいろな種類がある。

チップレス
チップ部分がグリップと同じ形状になっているチップのない種類。先端が重くなるので音も重くて太くなる。ラウド向き。

折れないスティック
なんと芯が金属でできているスティック。メタルなどのハードヒッターが叩いても滅多に折れない。樹脂でできているカバーとチップは付け替え交換可能。

スティックが飛んでしまう人は……

スティックは軽く塗装してあるものが多く、カラー塗装のものや、ニスが分厚いテカテカしたもの、グリップをあらかじめ装着したものなどさまざま。手汗をかきやすく、スティックがすっぽ抜けてしまう！という人は、汗を吸収し、滑りづらい無塗装のものを選んでみると良い。スティックに装着できる滑り止めのグリップやテーピング、滑り止めのワックスなども市販されている。

スティックの持ち方

■スティックの「バランスポイント」とは

スティックに「支点」を作ることで、打面のリバウンドと連動し、シーソーのような動きで扇状に動かすようにする。このスティックが一番リバウンドしやすいポイントを「バランスポイント」という。親指と人差し指でギュッと摘んだり、ドラえもんの手のようにグーで握り込むと、力が入ってリバウンドをコントロールできなくなるので注意。スティックの支点はプレイスタイルによっても変わり、演奏中にもコロコロ変わるので、出したい音をイメージして、イメージと直結したグリップをすることが大切。ここでは3つの支点を見ていこう。

人差し指&親指支点

人差し指の第1関節と親指による支点。力が入らないようにふわっと持ち、小指や薬指がスティックから離れないようにする。

- 指を使い繊細なコントロールがしやすい
- 速いシングルストロークが叩きやすい

- パワーが出にくい
- 力が入りやすい
- タムなどの低反発で音の抜けが出しにくい

中指&親指支点

中指の第2関節と親指による支点。薬指と小指はスティックを包み込むように持ち、人差し指はスティックから離れないようにふわっと当てる。筆者は基本この支点で持っている。

- 脱力しやすい
- 腕や手首が柔らかく使えるのでセット間の移動がしやすい
- ダブルストローク、フラムなどのルーディメンツを演奏しやすい

- 慣れていないとスティックを落としやすい

小指支点（グリップエンド支点）

小指による支点。小指と薬指でグリップエンドをぐるっと持ち、ここを支点にスティックを動かす。親指と人差し指は少し触れているくらい。完全には離さないようにする。

- スティックの重さを利用してパワーが出せる
- タムなどで太くて重い音が出せる

- 繊細なコントロールがしにくい
- スピードが上げにくい

第1章 | 基礎知識と基礎フォーム

基本フォーム

椅子の高さ

オススメの基準は、ヒザのお皿の上の位置に、ドラムイスの座面の高さを合わせる。その状態で座ると、太ももが床と平行になるので足を動かしてもバランスを崩しにくい。高さや座り方はプレイスタイルによりさまざまであるが、骨盤を寝かさないようにすることが、腰を痛めたりなどの怪我を防ぐ座り方となる。

- 椅子が高すぎる
- スネアが低い
- 骨盤が寝て腰が丸くなっている

身体とスネアの距離

肘が身体より後ろになりすぎると上腕が使いにくくなるので、力が入ってしまい、音が硬くなりすぎてしまうだけでなく、速く叩くことができなくなる。また足も膝よりかかとが内側に入った状態だと足首が柔軟に使えないので、足のダブル（速い2打）も扱いにくくなる。

- 近づきすぎている
- 膝よりかかとが中に入っている
- 肘が体より後ろになりすぎている

遠いものを叩くときの姿勢

ドラムセットを叩くときは、セットに近づきすぎないようにすることが大切。セットに近すぎると、スティックが引っかかって落とす原因となったり、肩や腕が柔軟に使えず力が入ってしまう。より良い演奏のために、自分に合ったセッティングを追求していこう。

- 脇が閉じすぎている
- セットに寄りすぎている

基本グリップ

グリップは大きく分けて「マッチドグリップ」と「レギュラーグリップ」の2種類がある。「グリップは変化しないもの」という誤解があり、スネア以外のフロアタムやシンバルを叩くときも、同じ持ち方をしないといけないと感じている人も多いが、全然そんなことはない。ハイハットを叩くときはジャーマン、ライドを叩くときはフレンチ、など状況によって変化する。それぞれの特徴を見て、イメージに沿ったグリップをできるようにしよう。

フレンチグリップ（ティンパニグリップ）
〈人差し指＆親指支点〉

親指の爪が上にくるグリップ。親指と人差し指を支点にし、バウンドしたスティックを中指、薬指、小指を使って弾ませる叩き方となる。ハイハットやライドシンバル、フロアタムだけなど、部分的にフレンチグリップを使うドラマーも多い。細かいフレーズや高速プレイがしやすいが、パワーが出にくい。

ジャーマングリップ
〈小指支点 or 中指＆親指支点〉

手の甲が上にくるグリップ。前腕を回転させて、ドラムにヒットするときに手の甲が上を向く叩き方になるので、小指支点の方が前腕の回転運動を使いやすくなる。パワーが出しやすいが、肩に力が入りやすい。

アメリカングリップ
〈中指＆親指支点〉

フレンチとジャーマンの間のグリップ。最も万能性の高いグリップとしてジャンルを問わず幅広く使われている。フレンチとジャーマンの中間のポジションで2つのグリップの利点を取り入れているのが特徴。中指＆親指支点にすると扱いやすい。ドラム初心者の方は、まずこの持ち方を定着させることをお勧めする。

レギュラーグリップ（トラディショナルグリップ）

マッチドグリップよりも、指や前腕の回転の動作が必要となるため、難易度の高いグリップとも言えるが、マッチドグリップよりも小さな音が出しやすく、ダイナミクスのコントロールがしやすくなる。ジャズドラマーなど、マイクを通さず、生音で繊細な音を演奏することの多いドラマーがこだわって使用している。

手や腕がどのように動くかを知ろう

ドラムを演奏しているときは、指、手、手首、腕、肩、そして脚など、座っていながらも全身を動かしている。ドラム歴が浅いうちは手首や指だけの動作で叩いたり、腕を上下に曲げる（屈曲、伸展）の動作のみで演奏しようとしてしまう。その結果力が入ってしまったり、スピードが上がらなかったり、タム回しが苦手だ！といった悩みに直面するのはよくあること。身体は想像以上に柔軟に動くようにできていて、身体のことを知ることはサウンド面でも技術面でも高みを目指せるキッカケとなる。また年齢を重ねても怪我しないように、体に無理なくドラムを続けるためにも大切なことなのだ。ここでは腕の上下運動ではなく「回転」の動作を見てみよう。

上腕の動き

スティックを振り上げるときに外側に回転する動作を「外旋」、振り下ろすときに内側に回転する動作を「内旋」という。ボールを投げるときは、上腕を内旋させることによって、より遠くに飛ばすことができる。上腕と前腕を連動させ、腕全体のしなりを使えるとパワーも出るし、より脱力できてスピードアップできるようになる。

前腕の動き

前腕には2本の骨があり、小指側にある「尺骨（しゃっこつ）」と親指側の「橈骨（とうこつ）」が平行になったり交差したりして、手は180度回転する。親指を外側に向けて回転させるのが「回外」。親指を内側に向けて回転させる「回内」と言う。この回転の動作で速いシングルストロークを叩いたり、タムなどの低反発な場所で、リバウンドに頼らずパワフルに叩くためにも重要な動きとなる。

2つの基本ポジション

■レディポジションを定める

音の強弱のことをダイナミクスと言うが、ドラムを演奏する上でこのダイナミクスをコントロールすることは、より豊かな表現をすることに繋がる。そしてレディポジションとは、叩く前に待機している位置のこと。このポジションを基準にスティックを上げたり落としたりする。レディポジションにはハイポジション、ローポジションの2つがあり、このポジションから大きな音を出すのか、小さな音を出すのかを分ける。奏法によってはローポジションのままアクセントすることも可能となるが、初めのうちは音の強弱の基準はスティックの高さで分けると良い。

ローポジション

スネアから5cmのところで待機している状態。グッとスティックを握って待機するのではなく、リラックスしよう。待機しているときに少し疲れてしまったり違和感があるときはセッティングに問題があるかもしれないので、スネアの高さ、スローンの高さを見直そう。

ハイポジション

手を上げて待機している状態。アクセントをするためのポジション。手首だけで上げるのではなく、ボールを投げる前のようなイメージで待機すると、脱力できた抜けのあるアクセントに繋げることができる。

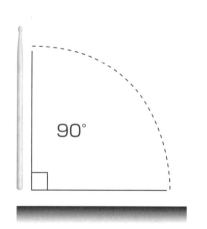

打面の狙い所

スネアのどこを狙うかでも、音は大きく変わる。真ん中を狙うとタイトなサウンドとなり、真ん中を外した、中心よりやや外を狙うと「パァーン！」と抜けの良い音になる。さらに外側を狙うと「カァン！」と高い音になる。

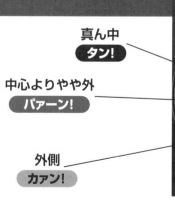

4つの基本ストローク

このページの内容は動画で確認できます

大きな音を出すためのストローク

フルストローク

ハイポジションから打面を叩いて、またハイポジションに戻ってくるストローク。手でスティックを持ち上げるのではなく、ボールを真下に投げるように、弾んできたスティックをハイポジションで受け取っている感じ。

ダウンストローク

ハイポジションから振り下ろして、ローポジションで止めるストローク。慣れないうちは親指と人差し指でグッと握ってスティックを止めてしまうが、弾ませないように叩くことがコツ。弾ませない方法として、親指と中指での支点と、小指側のグリップエンドの支点。この2つの支点でスティックを持つと弾ませないように叩くことができる。

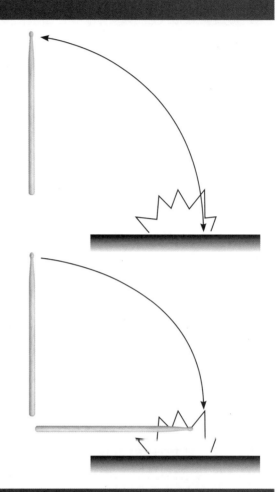

小さな音を出すためのストローク

タップストローク

ローポジションのまま叩くストローク。小さな音を出すときは慎重になるので、力が入ってしまいやすいが、コツはグリップエンド側を親指や中指、小指などを使って操作する。指を使うにはスティックを握りすぎていると扱えないので、ゆったり持つことを心がけよう。

アップストローク

ローポジションでタップして、ハイポジションに移動するアップストローク。基本ストロークの中ではこれが1番やりにくいが、アクセントにつなげる為であったり、セット間を移動するためのストロークでもあるので、非常に重要なストローク。コツは叩いてから持ち上げるのではなく、『手を上げながら叩く』感覚。手を上げるついでに勝手に打面に触れてしまった！くらいのイメージで叩くとちょうどよい。

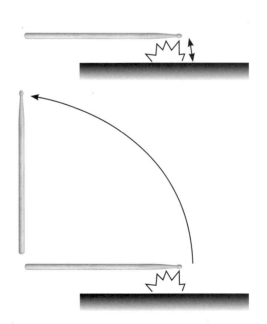

基本ストロークの応用

アップダウン奏法

手を下ろしたダウンストローク時に1発、手を上げるアップストローク時に1発と、腕をひと振りする動作で叩く「アップダウン奏法」は、スピードアップに欠かせない動作となる。また強弱をつけてリズムに抑揚をつけたり、グルービーに演奏するためにもアップダウン奏法は必要となる。アップするときは腕の上下運動だけではなく、回転の動作を意識してみよう。ポジションの目安は、ダウンは5時あたり、アップは4時あたりにしてみよう。

トリプレット

1回の動作で3発叩くトリプレットの練習をしてみよう。こちらはダウン（5時あたり）→アップ①（4時あたり）→アップ②（3時の少し下あたり）とアップが2回連続でくる動作となる。注意すべき点はスティックを握り込まないこと。握り込んだまま3時に移動すると、極端に脇が開き、肩にも腕にも力が入って速く叩けない。無理して手腕を回転させようとすると関節を痛めたり、怪我をすることもあるので、無理せずに取り組んでいこう。

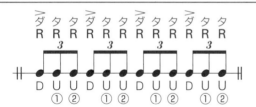

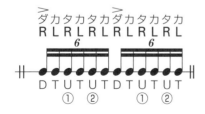

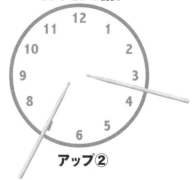

第1章 | 基礎知識と基礎フォーム

リズムを理解しよう

ドラムは叩けば音が鳴るので、楽譜が読めなくても叩ける。しかし、音符をしっかりと理解することで、より繊細で洗練されたアプローチが可能となる。ドラムは出音が短いし、音階もないので、音符の長さをしっかり理解するだけで良い。他の楽器に比べて覚えることも少ないので頑張ろう。楽譜が読めるようになることで膨大なインプットが可能となり、フレーズの引き出しや練習のアイデアも増えていく。

拍子について

ポピュラー音楽において、リズムやメロディーは「拍」の中に存在する。簡単に言えば一定に繰り返す拍をアクセントを付けたりして、3つに区切ったり4つに区切ったものを拍子と呼ぶ。音符の左端に4/4と書かれているこれは「拍子記号」と言い、1小節に音符がどれくらい入るかを決める記号。下に書かれた数字には使われる音符。上に書かれた数字は1小節にその音符がいくつ入るのかを記している。4分の4拍子、4分の3拍子などの単純拍子のほかに、8分の6拍子などの複合拍子、8分の7拍子などの混合拍子の3種類がある。

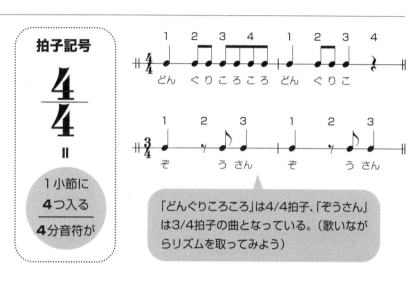

音符、休符の説明

「単純音符」「単純休符」と言われる、基本の音符をみていこう。

音符	休符	音符の長さ	4分音符を1拍としたとき
o	−	全音符 (4拍分の長さ)	1 タン / 2 / 3 / 4
♩	−	2分音符 (2拍分の長さ)	1 タン / 2 / 3 タン / 4
♩	ξ	4分音符 (1拍で1発)	1 タン / 2 タン / 3 タン / 4 タン
♪	?	8分音符 (1拍で2発)	1 と タンタン / 2 と タンタン / 3 と タンタン / 4 と タンタン
♪	?	16分音符 (1拍で4発)	1 と タカタカ / 2 と タカタカ / 3 と タカタカ / 4 と タカタカ
♪	?	32分音符 (1拍で8発)	1 と タカタカタカタカ / 2 と タカタカタカタカ / 3 と タカタカタカタカ / 4 と タカタカタカタカ

17

付点音符

単純音符では表現できない長さの音符を書くときに使う付点音符。付点音符は元の音符の1.5倍、つまり元の音符の次の長さの音符が足されている。元の音符が4分音符なら付点には8分音符、元の音符が8分音符なら付点には16分音符が付いている。ドラムでは「付点8分音符」の使用頻度が高い。こちらもできるだけ8分＋16分……や、1.5倍……ではなく、音符の形から音をイメージして口で歌ったり、実際に音に出して体で覚えよう。

音符	休符	音符の長さ	付点音符の譜例							
𝅝.	o + ♩	付点全音符 （6拍分の長さ）	1 タン	2	3	4	1	2	3 タン	4
♩.	♩ + ♪	付点2分音符 （3拍分の長さ）	1 タン		2		3		4 タン	
♩.	♩ + ♪	付点4分音符 （8分音符3つ分/1拍半）	1 タン	と	2 タン	と	3	と	4 タン	と
♪.	♪ + ♪	付点8分音符 （16分音符3つ分）	いちとお タンウタ		にいとお ウンウタ		さんとお ウタウン		よんとお タンー	

連符

3連符や6連符は音符の名前ではなく、3連符は8分音符、6連符は16分音符を繋げた「連符」となる。4分音符や8分音符といった単純音符では再現できない、1拍に対して3つの音を入れたいときなどに「連符」が使用される。3連符は1拍に対して3発（たまご）。6連符は1拍に対して6発（おこのみやき）といった具合に、言葉を当てはめて覚えよう。

3連符

1 2 3 4
タカタ タカタ たまご たまご

6連符

1 2 3 4
タカタカタカタカタカタカ おこのみやき おこのみやき

5連符

1 2 3 4
タカタカタ タカタカタ かつおぶし かつおぶし

7連符

1 2 3 4
タカタカタカタ タカタカタカタ だしまきたまご だしまきたまご

タイ

2つの音符を繋ぐ「タイ」。繋がった音符の長さが延長される。音の伸ばすことのできる楽器はタイによって音の長さが変わることがあるが、音が一瞬で消えるドラムの演奏方法や音は休符のときと同じで叩かなくてよくなる。しかし「ターン」と伸ばすように演奏するのか「タウン」と止めるように演奏するのか、そのフィーリングの違いで表現は大きく変わる。

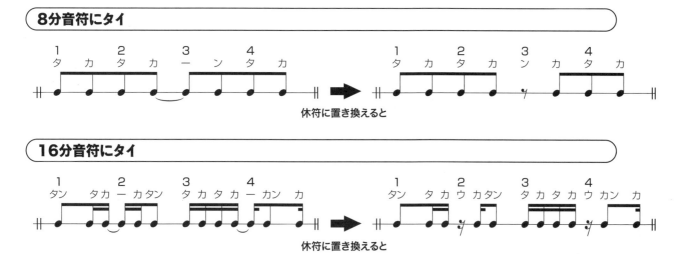

こうすれば必ず読めるようになる!!

楽譜の読み書きはよく言語の習得に例えられる。例えば「おはよう」などの言葉の文字を見たとき、「えーと、あ行の1番最初と、は行の……」などの見方はしないはず。言葉も「おはよう」という「音」で覚えている。音符を見たときも「これは8分音符と16分音符が組み合わさっているので……」というイメージではなく、音符の形を見たときに「タンタカ」などの音をイメージできるようにする。

1小節の長さは拍子によって決まっているので、4分の4拍子の場合では、どんなに複雑な音符が並んでいても必ず4等分できる。迷ったら小節に線を入れて、見やすいように区切ってみよう。「1・2・3・4・」と小節を区切って1拍ごとの音をしっかりと理解できれば確実に読めるようになる。

そして音符を理解するコツは「書く」ことと「歌う」こと。自分なりに練習のアイデアをメモしたり、アウトプットも強化しよう。

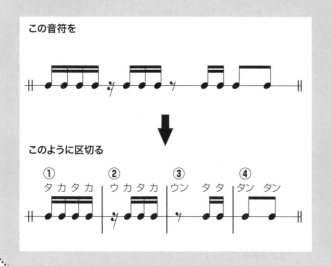

1拍のタイミング表

ここでは比較的使用頻度の高い1拍のタイミングと音を見ていこう。手で1拍ずつリズムを取りながら、口でリズムを歌って練習しよう。そしてここの音符を適当に並べ替えて、自分なりに練習パターンを作ってみよう。

タイミング	音符	口ドラム
Ⓡ L R L	♩	1 2 3 4 タ ン ー ー
R Ⓛ R L		1 2 3 4 ウ カ ウ ン
R L Ⓡ L		1 2 3 4 ウ ン タ ン
R L R Ⓛ		1 2 3 4 ウ ン ウ カ
Ⓡ Ⓛ R L		1 2 3 4 タ カ ウ ン
Ⓡ L Ⓡ L		1 2 3 4 タ ン タ ン
Ⓡ L R Ⓛ		1 2 3 4 タ ン ウ カ
RⓁⓇL		1 2 3 4 ウ カ タ ン
RⓁRⓁ		1 2 3 4 ウ カ ン カ
R L Ⓡ Ⓛ		1 2 3 4 ウ ン タ カ
ⓇⓁⓇL		1 2 3 4 タ カ タ カ
RⓁⓇL		1 2 3 4 ウ カ タ カ
Ⓡ L Ⓡ Ⓛ		1 2 3 4 タ ン タ カ
ⓇⓁR Ⓛ		1 2 3 4 タ カ ン カ
ⓇⓁRL		1 2 3 4 タ カ タ ン

タイミング	音符	口ドラム
Ⓡ L R Ⓛ R L (3)	♩	1 2 3 タ ン ー
R Ⓛ R L Ⓡ L (3)		1 2 3 ウ カ ン
R L Ⓡ L R Ⓛ (3)		1 2 3 ウ ン タ
Ⓡ L R Ⓛ R L (3)		1 2 3 タ カ ン
Ⓡ L Ⓡ Ⓛ R L (3)		1 2 3 タ ン タ
R Ⓛ R L Ⓡ L (3)		1 2 3 ウ ン タ
Ⓡ Ⓛ Ⓡ Ⓛ R L (3)		1 2 3 タ カ タ
ⓇⓁRLⓇL (6)	(3)	1 2 3 4 5 6 タ カ タ タ ン ー
ⓇⓁRLⓇL (6)	(6)	1 2 3 4 5 6 タ カ タ タ ン タ
ⓇⓁRLⓇL (6)	(3)	1 2 3 4 5 6 タ カ タ ン タ ン
ⓇⓁⓇLⓇL (6)	(6)	1 2 3 4 5 6 タ ン タ カ タ カ
ⓇⓁⓇLⓇL (6)	(3)	1 2 3 4 5 6 タ ン タ カ タ ン
ⓇⓁⓇLⓇL (6)	(3)	1 2 3 4 5 6 タ ン タ ン タ カ
ⓇⓁⓇLⓇL (6)	(6)	1 2 3 4 5 6 タ ン カ タ ン カ
ⓇⓁⓇLⓇL (6)	(6)	1 2 3 4 5 6 タ カ タ カ タ カ

1拍のタイミング練習ドリル ♩100

音を書き込んだり、縦線を入れて拍ごとに区切ったりして読む(歌う)練習をしよう。パターンを一気にこなすよりも、1つずつ丁寧に練習していく方がしっかり上達する。フレーズに慣れたら自分なりに手順を変えてみたり、テンポを速くしたり、極端に遅くしたりして、工夫して練習しよう。

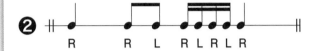

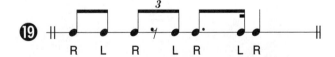

本書で使用している ドラム譜

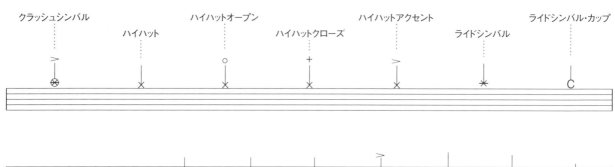

ドラム・
スティック
コントロール

第2章 | リズム感を鍛える
スティックコントロール

第2章 リズム感を鍛えるスティックコントロール

基本の音符を鍛えるスティックコントロール①
基本の音符を鍛える

練習テーマ

メトロノームを使って練習するときは、クリックの鳴っているところを狙って叩くのではなく、体で取っているノリとクリックが同調している状態で練習することが大切。ここでは全音符から16分音符までの、基本の音符を鍛えていこう。

上達チェックポイント

力を抜いてできましたか？	YES / NO
目標の感覚は得られましたか？	YES / NO
イメージ通りの音は出せましたか？	YES / NO
自分を客観視できましたか？	YES / NO
今日も楽しく練習できましたか？	YES / NO

目標パターン　難易度 ★☆☆☆☆

一定のテンポの中で音符を変化させていく練習を「チェンジアップ」と言う。ここでは、全音符、2分音符、4分音符、8分音符、16分音符の切り替え練習をしてみよう。全音符からチェンジアップさせることにより、実際に叩いていない（音が鳴っていない）ところのリズムもしっかりと感じられるようにしよう。

ステップ 1

まずは全音符と2分音符を練習しよう。全音符は初めの1拍のみを叩くことになる。この1拍を的確に狙えるようにするためには、音を出していない、2、3、4拍目をしっかりと感じることが重要になってくる。口でカウントを取りながら、叩くタイミングだけでなく、叩くために手を振り上げるときも、リズムを感じながら練習してみよう。

ステップ 2

続いて4分音符、8分音符の練習。クリックめがけて打面を叩くのではなく、クリックとクリックの間の音をしっかりと感じて練習しよう。こちらも口でカウントを取りながら練習すると効果的。

ステップ 3

16分音符の練習。音数が多くなるので何発叩いたのか見失いやすい。このように音符が増えたときは、言葉を当てはめて練習をすると見失わずに叩ける。16分音符は1拍に対して4発なので、「たこやき」「やきそば」「シマウマ」「イグアナ」など、4文字の言葉を当てはめて練習しよう。

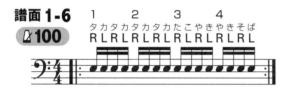

ステップ 4

4分音符、8分音符、16分音符の3つの音符を往復しよう。音符が切り替わるタイミングで、ハシったり、モタったり、リズムを見失いやすいので、叩く前に口でリズムを歌って、音をイメージすることが大切。頭で考えたフレーズを言葉を使って外に出すように、頭の中にある音をスティックを使って表現できるようにしよう。

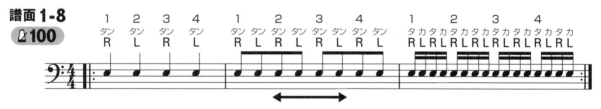

ドラムセットに応用 ── バスドラムでリズムを取りながら目標パターンを練習しよう

全音符や2分音符など、1小節に対しての音数が少ない音符を叩いているときのバスドラムはつられてしまいやすい。セーノで始めるよりも、先にバスドラムをキープした後に手を加えるとやりやすくなる。

第2章 リズム感を鍛えるスティックコントロール

基本の音符を鍛えるスティックコントロール②
休符を鍛える

練習テーマ

意識すべきところは『休符も音符である』ということ。音が鳴っていなくてもしっかりと拍を感じられるようにしよう。休符は「ウン」や「ウ」「ン」などで歌えるとよい。ここでは全休符から16分休符までの休符の練習をしていこう。

上達チェックポイント

力を抜いてできましたか？	YES / NO
目標の感覚は得られましたか？	YES / NO
イメージ通りの音は出せましたか？	YES / NO
自分を客観視できましたか？	YES / NO
今日も楽しく練習できましたか？	YES / NO

目標パターン　難易度 ★★☆☆☆

休符が混じった4小節のパターン。叩き始める前に、まずは口で歌って、しっかりと音とタイミングをイメージすることが大切。特に4小節目の手数が多くなるポイントはごちゃごちゃして窮屈になりやすいので、スマートに演奏できるように意識しよう。

ステップ1

2分音符と4分音符の練習。譜面2-3の4分音符と4分休符の流れは、2分音符と同じ音型になる。しかし2分音符の『タンー』と音を伸ばすイメージなのか『タンウン』と休むイメージなのか、音が鳴っていない場所をどうイメージするかで表現の幅は大きく変わる。

練習日

ステップ2

8分休符の練習。2分休符や4分休符よりもスピードが速くなるので、8分休符と8分音符はセットで『ウンタン』と感じるとやりやすくなる。手を上げるときもリズムを感じられると狙いやすくなるので、「ウン」で手を上げて、「タン」で下ろす意識で練習してみよう。

ステップ3

続いて8分休符と16分音符がくっついた音符を練習しよう。「ウンタン」の流れで「ウンタカ」と音符を加えるイメージ。このフレーズでは「ウン」で両手を上げて「タカ」で右手から順番に落とすとやりやすい。

ステップ4

16分休符の練習。こちらは16分音符の1発目の音が抜けた音符を練習しよう。16分休符は8分休符よりもさらに窮屈になりやすいので、「タンタン・ウカタカ」「バンバン撃たれた」「タカタカ・ンカタカ」「アメリカンサラダ」などの言葉を当てはめて、2拍でひとまとめのイメージで練習してみよう。

足を交互に動かしながら手を動かすことになるので、バランスが崩れてしまわないように気をつけよう。足の付け根から足を持ち上げるのではなく、足首を使ってジャンプするイメージ。

第2章 リズム感を鍛えるスティックコントロール

基本の音符を鍛えるスティックコントロール③
16分音符を鍛える

練習テーマ

8分音符と16分音符が組み合わさった音符を練習しよう。16分音符4連から1発抜いた音抜きフレーズとも言える。このページで紹介する音符はかなり使用頻度が高いので、この音符をしっかりと操れるとリズムパターンを演奏するときに手順も迷いにくくなり、余裕のある演奏ができるようになる。

上達チェックポイント

力を抜いてできましたか？	YES / NO
目標の感覚は得られましたか？	YES / NO
イメージ通りの音は出せましたか？	YES / NO
自分を客観視できましたか？	YES / NO
今日も楽しく練習できましたか？	YES / NO

目標パターン　難易度 ★★☆☆☆

16分休符を1つずつ後ろに移動していく練習。手順は記載されているナチュラルスティッキング（表を右、裏を左に振り分けたステッキング）で定着させるとフィルなどを構築していく上でとても便利。「ウカタカ」や「タカンカ」は拍を見失いやすいので、ゆっくりから確実に練習しよう。

譜面3-1 ♩100

ステップ1

まずはこの4つの中でも比較的やりやすい「タンタカ」の練習。拍を見失わないように「トンカツ」などの言葉を当てはめて、歌いながら練習しよう。左手は最後の1発だけ狙っているので、始めの右手「タン」のタイミングで左手を上げられると、一定のサイクルで「タンタカ」を叩きやすくなる。

練習日

ステップ 2

続いて、4発叩くうちの4発目が抜けた「タカタン」の練習。ずっと続けていると拍を見失い、「タンタカ」と混合するので、「カツドン」などの言葉を当てはめて練習しよう。この音符は両手が上がっている状態（ハイポジション）からスタートし、3発を順番に落とすイメージで叩くとやりやすい。

ステップ 3

4発叩くうちの3発目が抜けた「タカンカ」。右手が抜けて左手のみで連続で叩くことになるので、「タンタカ」や「タカタン」に比べて難易度が高くなる。拍を見失わないように「コロッケ」などの言葉を当てはめて練習しよう。このパターンは左手を意識して叩くことになるので、左手強化に効果的。

ステップ 4

続いて16分音符の1発目が抜けた「ウカタカ」の練習。繰り返していると拍を見失い「タカタン」になってしまうので、「ウメボシ」などの言葉を当てはめて練習しよう。譜面3-8の16分から繋げるフレーズは、「タカタカ」の右手をそのまま抜くイメージ。右手が抜けても左手を弾ませる感覚がつかめるとスピードアップできる。

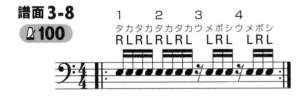

ドラムセットに応用 「タンタカ」と「タカンカ」を8ビートのバスドラムパターンに応用しよう

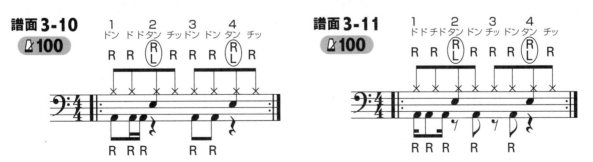

手のダブルも足のダブルも、ダブルの基の音符をしっかりとイメージすることが大切。2発踏むことに囚われすぎるとうまくいかないので、「ドンドン」と2発踏む動作のまま、「ドンドド」と加えられるようにしよう。

第2章　リズム感を鍛えるスティックコントロール

基本の音符を鍛えるスティックコントロール④
付点音符を鍛える

練習テーマ

『付点音符』と聞くと「もうだめだ……よくわからない」となってしまう人も多いが、付点音符も「タンタカ」のように、1拍単位で歌えるようになると確実に理解できるようになる。音符が細かくなっても、音のイメージをしっかり持つことが理解に繋がる。ここではドラム演奏で使われる付点音符を練習しよう。

上達チェックポイント

力を抜いてできましたか？	YES / NO
目標の感覚は得られましたか？	YES / NO
イメージ通りの音は出せましたか？	YES / NO
自分を客観視できましたか？	YES / NO
今日も楽しく練習できましたか？	YES / NO

目標パターン　難易度 ★★☆☆☆

ドラムを演奏する上で使用頻度が高い付点音符は4つ。「タンウカ」「タカウン」「ウカウン」「ウンウカ」だ。目標パターンではこの4つが入り混じっている。焦らず1拍ごと歌って、しっかりと音をイメージしよう。頭でありありと音をイメージできれば確実に叩けるようになる。

ステップ 1

4発叩くうちの1発目と4発目を叩いた「タンウカ」の練習。譜面4-2では4分音符でしっかりと拍の表を狙って、その流れで左手を加えているイメージ。ずっと繰り返すと「タカウン」になってしまうので、「せんぬき」などの言葉を当てはめて練習しよう。

練習日

ステップ 2

4発叩くうちの1発目と2発目を叩いた「タカウン」を練習しよう。譜面4-4では2拍まとめて「タカタカ・タカウン」。「とびらが・バターン」と言いながら練習してみよう。譜面4-5はリズムがひっくり返りやすく譜面4-3の「タンウカ」と混合しやすいので、右手がクリックと合うように、しっかりと音のイメージを持って練習しよう。

ステップ 3

16分音符の4発目だけ狙った音符と2発目だけ狙った音符の練習。細かい音符なので、ついカンで狙ってしまいたくなるが、「1」と「&」の間をイメージできると狙いどころが見えてくる。曖昧にならないように、ゆっくりから的確に狙っていこう。

ステップ 4

2分休符を交えて、より拍を意識した練習をしてみよう。「ワン・エン・ツー・エン・スリー・エン・フォー・エン」と、拍の表と裏をしっかり感じられると、2分休符の後の付点8分休符も恐れることはなくなる。休符をしっかりとイメージすることはより良いグルーヴを出すには必要不可欠なので、しっかりトレーニングしよう。

ドラムセットに応用　付点音符を8ビートのバスドラムに応用しよう

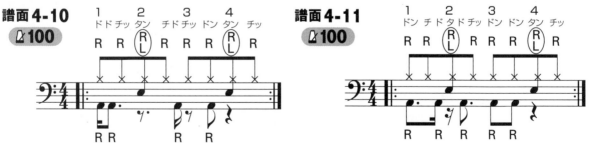

8分音符のハイハットの間に16分の細かいバスドラムが入るパターン。すごくつられてしまいやすいパターンで、自分では気づかないうちにつられてしまっていることもあるので、曖昧にならないように超ゆっくりからチャレンジしよう。

31

第2章 | リズム感を鍛えるスティックコントロール

基本の音符を鍛えるスティックコントロール⑤
音符の足し算 1拍のタイミングを鍛える

練習テーマ

4分音符から16分音符までの組み合わせを練習する。1拍の音のイメージとタイミングが掴めると、読譜力も上がるし、ややこしく感じる付点音符も歌いながら叩けるようになる。「タカタカ」といろんな音符を繋げて1拍のタイミングを掴む練習をしていこう。

上達チェックポイント

力を抜いてできましたか？	YES / NO
目標の感覚は得られましたか？	YES / NO
イメージ通りの音は出せましたか？	YES / NO
自分を客観視できましたか？	YES / NO
今日も楽しく練習できましたか？	YES / NO

目標パターン　難易度 ★★☆☆☆

音符を組み合わせて練習しよう。手順に慣れてきたら、1拍単位ではなく、2拍や4拍でひとまとめにイメージができると読譜力も上がっていく。自分なりに組み合わせを変えてみると、より音符に対する理解が深まり応用もしやすくなる。

ステップ 1

ステップ①では1拍に対して1発の音のタイミングを鍛えよう。2発目や4発目の細かいところを狙うときは、曖昧にならないようにしっかりと休符を感じて叩こう。譜面5-5はリズムがひっくり返り譜面5-2と混合しやすいので、音の始まりをしっかりと意識しながら練習しよう。

ステップ 2

ステップ②は「タカタカ」の1発目から2発ずつのタイミング。付点8音符が出てくるところは、音の長さが曖昧にならないように注意。ウラ「&」をしっかりと感じて、音が伸びているイメージをしっかりと掴むために口で歌いながら練習しよう。

譜面5-6 ♩100
譜面5-7 ♩100
譜面5-8 ♩100

ステップ 3

ステップ③では「タカタカ」の休符から始まる2発のタイミング。「ウカタン」と「ウンタカ」は一緒になってしまわないように、休符の長さに気を付けよう。「ウカンカ」のリズムは「タカタカ」の流れから右手をスッと抜いている動作になるので、左手強化フレーズとしても効果的。

譜面5-9 ♩100
譜面5-10 ♩100
譜面5-11 ♩100

ステップ 4

ステップ④では「タカタカ」の1発ずつ音を抜いた3発のタイミング。使用頻度が高いのでしっかりと身に付けていこう。左スタートで練習すると左手強化にも効く練習となる。フレーズに慣れたら自分なりに手順を工夫できると、同じ音符でもあらゆる効果が出るので、有意義な練習ができるようになる。

譜面5-12 ♩100
譜面5-13 ♩100
譜面5-14 ♩100
譜面5-15 ♩100

ドラムセットに応用 ／ 目標パターンをフィルに応用しよう

譜面5-16 ♩100

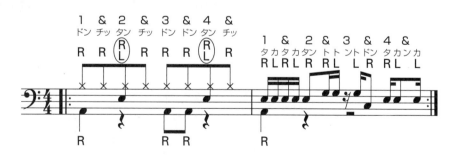

2小節目の2拍目からの2発が続く場所はリズムが曖昧になりやすい。遅めのテンポから、クリックのどこに当てはまっているかを確認して、確実に狙えるようにしよう。

第2章　リズム感を鍛えるスティックコントロール

基本の音符を鍛えるスティックコントロール⑥
3連符を鍛える

練習テーマ

1拍で3発叩く3連符。3連符はシングルストローク（交互打ち）で演奏すると1拍ごとに右手と左手が入れ替わるので、両手がバランスよく鍛えられ、左手強化にも繋がる。ここでは休符も含めて、3連符のタイミングの練習をしてみよう。

上達チェックポイント

力を抜いてできましたか？	YES / NO
目標の感覚は得られましたか？	YES / NO
イメージ通りの音は出せましたか？	YES / NO
自分を客観視できましたか？	YES / NO
今日も楽しく練習できましたか？	YES / NO

目標パターン　難易度 ★★☆☆☆

3連符の組み合わせ練習。基本はナチュラルスティッキングで行うと迷わずに叩けるようになる。休符が混ざったパターンは拍を見失いやすい上に手順もバラバラになりやすいのでしっかり意識して練習しよう。

ステップ 1

まずは3連符を叩いてみよう。譜面6-2では4分音符の動きの流れから3つの音を出せるようにしよう。慣れたら3連符をループさせる。拍を見失わないように、足や口など、身体でカウントを取りながら練習しよう。

練習日

ステップ 2

続いて3連符の真ん中の音が抜けた「タンタ」の練習。こちらは2拍で1つのまとまりを作るとやりやすくなる。「タンタ・タカタ」→「バックします」のような言葉を当てはめ練習してみよう。

ステップ 3

続いて3発目の音が抜けた「タカン」の練習。16分音符の1、2発目の「タカウン」と混合しないように。しっかりと3つの音を感じることが大切。こちらも2拍でひとまとめ、「こていしさん（固定資産）」で練習しよう。

ステップ 4

1発目の音が抜けた「ウカタ」の練習。ループさせているとリズムがひっくり返って「タカン」になってしまい拍を見失いやすい音符。こちらもまずは2拍のヒット「アマゾンがわ（アマゾン川）」で練習。2番目のパターンは「タカン」と「ウカタ」を組み合わせた音符。「土管、埋めた」と言いながら、休符を感じて練習しよう。

ドラムセットに応用　3連符を、タム回しやシンバル移動の練習に応用しよう

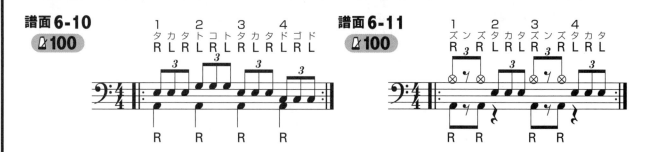

3連符「タカタ」を叩いていたはずが、気がついたら16分音符の「タカタン」になっていることがあるので、音のイメージをしっかり持とう。特にタムなどに切り替わるときなどはしっかりと意識すること。

第2章 リズム感を鍛えるスティックコントロール

基本の音符を鍛えるスティックコントロール⑦
6連符を鍛える

練習テーマ

1拍に6発叩く6連符。6連符がうまくコントロールできると、フレーズにオシャレさが増す。ひと息で一気に叩きやすい音符でもあるので、様々な場面で使えるようにしっかりと体に入れていきたい。ここでは6連符のタイミングの練習をしよう。

上達チェックポイント

力を抜いてできましたか？	YES / NO
目標の感覚は得られましたか？	YES / NO
イメージ通りの音は出せましたか？	YES / NO
自分を客観視できましたか？	YES / NO
今日も楽しく練習できましたか？	YES / NO

目標パターン 難易度 ★★★☆☆

6連符の組み合わせ練習。手数が多く休符も細かくなるので、難易度が高くなる。手が速い中でも、いかにゆったりとしたノリで叩けるかが、カッコよく聴かせるコツとなる。焦らずに、ゆっくりなテンポから確実に練習していこう。

ステップ1

譜面7-2の6連符は「タカタ・カタカ（3：3）マクドナルド」、「タカ・タカ・タカ（2：2：2）学生服」、「タカ・タカタカ（2：4）春一番」、「タカタカ・タカ（4：2）石垣島」などのまとまりを感じられると様々な表現ができるようになる。譜面7-3は、1発目の音が抜けた音符「ウカタカタカ（ウサギと亀）」。しっかりと休符を感じて練習しよう。

練習日

ステップ2

譜面7-4は6連符の2個目が抜けた「タンタカタカ（バックします）」。「タン・タカタカ（2：4）新体操」のまとまりで演奏すると、また違ったアプローチとなる。譜面7-5は、右手が抜けて左手が続く「タカンタカタ（パターゴルフ）」。やりにくいフレーズであるが、その分左手もしっかりと鍛えられる。

ステップ3

譜面7-6は、4発目の音が抜けた6連符。「タカタンタカ（アマゾン川）」という言葉をイメージすると拍を見失わずに叩ける。休符が後ろに行くほど頭を見失ってしまい、リズムがひっくり返ってしまうので、気をつけて練習しよう。譜面7-7は、5発目の音が抜けた6連符「タカタタンカ（コルクボード）」。

ステップ4

譜面7-8は、一番最後の音が抜けた6連符。音抜きフレーズの中では比較的やりやすいが、走りやすいフレーズでもあるので、裏拍をしっかりと感じながら練習しよう。裏をしっかり感じるために両足を交互に動かし、右足で表、左足で裏をキープしながら「タカタ・カタン（ガリガリくん）」と3文字ずつカウントに音符を当てはめて練習しよう。譜面7-9は最後の2発を抜いた「タカタカンー（サザエさんー）」。

ドラムセットに応用　6連符をタム回しなどのフィルに応用しよう

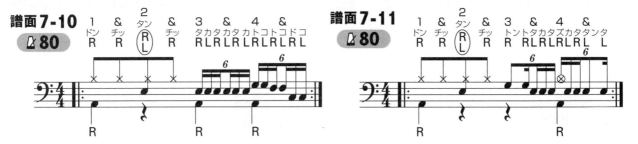

速いタム回しをする場合は力が入りやすく、力が入ると速く叩けないので、待機するスタートポジションを工夫すると回しやすくなる。このパターンの場合は、スネアではなくハイタムとフロアをスタートポジションにすると滑らかに回せるようになるはずだ。

※「ドラムセットに応用」の模範演奏には1小節のリズムパターンを足しています。

第2章 リズム感を鍛えるスティックコントロール

アクセントを鍛えるスティックコントロール①
16分音符の1発のアクセント

練習テーマ

アクセントをコントロールすることはリズム感を鍛えることに並ぶ大変重要な基礎となる。パターンができたら終わりではなく、何度も自分の音を確認し、自己検証を繰り返しながら精度を上げていくことが大切。ここでは16分音符の1発のアクセント練習をしよう。

上達チェックポイント

力を抜いてできましたか？	YES / NO
目標の感覚は得られましたか？	YES / NO
イメージ通りの音は出せましたか？	YES / NO
自分を客観視できましたか？	YES / NO
今日も楽しく練習できましたか？	YES / NO

目標パターン　難易度 ★★☆☆☆

16分音符の1発アクセントの音符を並べ替えて練習してみよう。アクセントをうまく操るコツは、まず音をしっかりイメージすることと、4つの基本ストローク「フル」「ダウン」「タップ」「アップ」をしっかりと意識すること。特にアップストロークはアクセントに繋がる動作となるので、うまく操れると滑らかなアクセントフレーズが叩けるようになる。

譜面8-1 ♩=100

ステップ1

ステップ①では右手でアクセントを叩くパターンを練習しよう。譜面8-2は1発目にアクセントがくるので、手を上げた状態（ハイポジション）からダウンストロークのスタートとなる。譜面8-3は3発目にアクセントがくるので、1発目はアップストロークからのスタートとなる。アクセントと同時にスティックが跳ねてしまうと、次のアップストロークの音量が上がってしまうので、ダウンストロークでしっかりとスティックを止めることを意識しよう（力で止めないように注意）。

練習日

譜面8-2 ♩=100　　譜面8-3 ♩=100

ステップ2

ステップ②は左手でアクセントを叩いたフレーズ。やりにくい場合は1発目にアクセントを加えたフレーズ（ダカタカ）を左スタート（LRLR）にして左手でのアップダウンの動きを確認しよう。左手でアップダウンできると、8ビートなどでのスネアのダイナミクスコントロールにかなり役に立つ。

ステップ3

16分音符のアクセントを2拍ずつで切り替えて練習。切り替わるタイミングで音量が上がりやすかったり、拍を見失いやすいので、しっかり音をイメージして練習しよう。イメージ通りの音が出せているかを確認するために録音録画し、自分の演奏を客観視しながら精度を上げていこう。

ステップ4

ステップ④では1拍ずつアクセントを移動する。音符は16分音符であるが、アクセントからアクセントまでのまとまりは5連になるので「RLRLR（カブトムシ）」5連のアクセントを練習できるとスマートに切り変われるようになる。譜面8-8のフレーズは16分音符4発目のアクセントからのスタート。慣れてきたら左スタートにしてみたり、手順を工夫できると有意義な練習ができる。

ドラムセットに応用 — 目標パターンのアクセント部分をタムに置き換え、移動の練習に応用

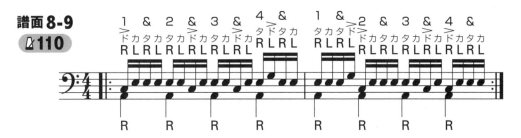

※Rのアクセントはフロアタム、Lのアクセントはハイタムへ移動。

アクセントを叩くための準備的ストロークであるアップストロークは、アクセントのみならず、セット間を移動するためにも大切なストロークとなる。手を上げながらの移動をしっかりと意識して取り組んでみよう。

第2章 リズム感を鍛えるスティックコントロール

アクセントを鍛えるスティックコントロール②
16分音符の2発のアクセント

練習テーマ

ここでは16分音符2発のアクセントを練習しよう。1発だけの移動とは異なり、アクセントを「タタン」と2つ並べて叩く場面や、フルストロークでアクセントを連続で叩く場面も出てくるので、感覚は大きく変わる。1発と2発、どちらもしっかりと操れると表現の幅がグッと広がるので、根気よく練習しよう。

上達チェックポイント
力を抜いてできましたか？	YES / NO
目標の感覚は得られましたか？	YES / NO
イメージ通りの音は出せましたか？	YES / NO
自分を客観視できましたか？	YES / NO
今日も楽しく練習できましたか？	YES / NO

目標パターン　難易度 ★★★☆☆

2発のアクセントパターンの組み合わせ練習。超ゆっくりから、音をしっかりイメージし、4つのストロークやフォームを確認して、動きを体に染み込ましていこう。アクセントが増えると力も入りやすく音もバラバラになってしまいやすいので、わからなくなったら1拍ずつの音符から練習し直そう。

ステップ 1

ステップ①ではアクセントが「R→L」へと流れていくアクセントパターン。動きを分解すると、右手と左手、どちらもアップダウンの動作となる。やりにくい場合は片手や両手同時にアップダウンしてみて、動きを確認し、両手を歯車のように組み合わせて叩いてみよう。

練習日

ステップ 2

ステップ②は「L→R」とアクセントが流れていくパターン。譜面9-4と譜面9-5は繰り返すとどちらも同じ手順で同じ感覚になるので、拍の頭を見失わないように足でリズムを取ったり、口でカウントをしながら練習しよう。こちらも同じく両手それぞれアップダウンしている。

ステップ 3

ステップ③ではアクセントが連続して叩くフレーズ。アクセントはフルストローク。ノンアクセントはタップストロークで叩いているので、1つのパターンでありながら、両手それぞれ別々に動いているという、分離の感覚を持つ必要がある。右手と左手で叩く場所を変えてみたり、物理的に分離できると効果的。

ステップ 4

2発のアクセントを移動させてみよう。全てが同じ音量で叩いてしまっていることに気付かずに練習をしてしまうこともあるので、録画・録音しながら練習しよう。アクセントのメリハリの目安はスティックの高さなので、アクセントは90度以上スティックを上げている状態、ノンアクセントは打面から5センチくらいで構えたポジションを意識する。鏡を使ってフォームを確認しよう。

ドラムセットに応用 — 16分音符2発のアクセント移動をタムに置き換え、移動の練習に応用

※Rのアクセントはフロアタム、Lのアクセントはハイタムへ移動。

アクセントをタムに移動すると、ノンアクセントであるはずのスネアの音量が上がってしまいやすい。叩く場所を変えてもアクセントのメリハリをしっかりとつけられるようにしよう。

第2章 リズム感を鍛えるスティックコントロール

アクセントを鍛えるスティックコントロール③
3連符のアクセント

練習テーマ

ここでは1拍で3発叩く3連符のアクセント練習をしよう。3連符は拍ごとに右手と左手が入れ替わるので、16分音符などの単純音符に比べて拍を見失いやすい。3連符のリズムを鍛えるためにもアクセントを操れるようにしよう。

上達チェックポイント

力を抜いてできましたか？	YES / NO
目標の感覚は得られましたか？	YES / NO
イメージ通りの音は出せましたか？	YES / NO
自分を客観視できましたか？	YES / NO
今日も楽しく練習できましたか？	YES / NO

目標パターン　難易度 ★★★☆☆

3連符のアクセントの組み合わせフレーズ。2発目や3発目のアクセントはリズムを取りにくくなるので、よくわからなくなったときは、1拍ずつ練習し直して動きを確認しよう。手拍子をしながらフレーズを口で歌うとイメージがしやすくなる。

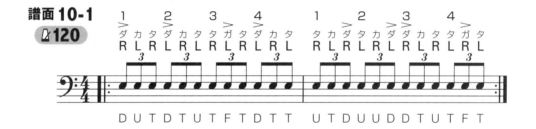

ステップ1

ステップ①では、3連符1発目のアクセントの練習をしよう。「たぬき」などの3文字の言葉を当てはめて、「た」にアクセントを加えて叩いてみよう。1発目のアクセントにつられて、2発目の左手の音量が上がってしまいやすいので、鏡を見ながらフォームを確認することも忘れずに。

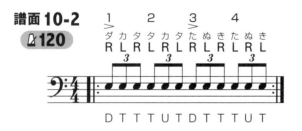

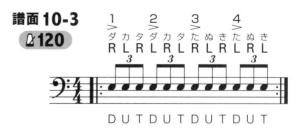

ステップ 2

ステップ②は2発目のアクセント。手順は迷いやすいが、繰り返すと譜面10-3の1発目アクセントの動作と同じになるのでやりやすくなる。とは言え、リズムがひっくり返ってしまいやすいので、こちらもしっかりと言葉を当てはめて練習しよう。初めは超ゆっくりから手順を確認してトライしてみよう。

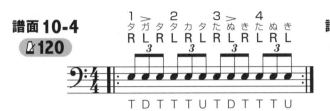

ステップ 3

続いて3発目アクセント。このフレーズはアップストロークからのスタートとなるので、慣れればアクセントのスピードアップやセット間の移動がしやすくなる。こちらも拍を見失わないように注意。足や口でカウントを取りながらチャレンジしてみよう。

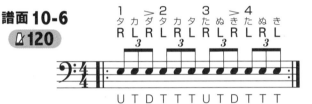

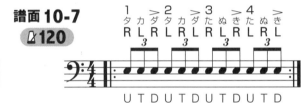

ステップ 4

3連符のアクセント移動をしてみよう。こちらは2拍ずつアクセントを後ろに移動させていく。全てが同じ音量になってしまわないように、ダウンストロークはしっかり止めることと、アップストロークを意識するとスマートなアクセント移動ができる。メリハリのあるサウンドが出せるように、音をしっかりイメージして、動きを確認しよう。

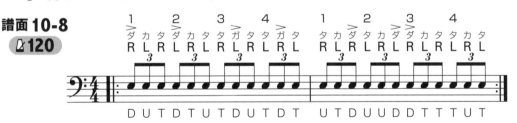

ドラムセットに応用 — 3連符のアクセント移動をタムに置き換え、移動の練習に応用

※Rのアクセントはフロアタム、Lのアクセントはハイタムへ移動。

スネアでアクセントをするよりも、タムに移動した方が拍を見失いやすくなる。1拍単位の音をしっかりとイメージしてゆっくりから練習しよう。

第2章 リズム感を鍛えるスティックコントロール

アクセントを鍛えるスティックコントロール④
6連符の1発のアクセント

練習テーマ

ここでは6連符の1発のアクセントの練習をしよう。6連符のように細かく瞬発的なアクセントフレーズは、右手と左手、片手ずつの組み合わせをイメージすることがスピードアップの鍵となる。それぞれの動きを確認しチャレンジしてみよう。

上達チェックポイント

力を抜いてできましたか？	YES / NO
目標の感覚は得られましたか？	YES / NO
イメージ通りの音は出せましたか？	YES / NO
自分を客観視できましたか？	YES / NO
今日も楽しく練習できましたか？	YES / NO

目標パターン 難易度 ★★★★☆

6連符のアクセントを並べ替えたパターン。1小節目は6連符を1拍半叩いた9連となる。9連は「日本昔ばなし」など9文字の言葉を当てはめて練習しよう。「9・9・6」の動作の感覚を掴めるとスピードアップしやすくなるし、手癖フレーズとしても重宝するので、ゆっくりから動作を確認しチャレンジしてみよう。

ステップ1

ステップ①では6連符の1発目と2発目のアクセント練習。フレーズを分解すると、アクセントを叩く方の手は片手3連符の1発目アクセントの動作になっている。まずは片手ずつの3連符フレーズをしっかり取り込んで、両手を組み合わせるイメージで叩いてみよう。

練習日

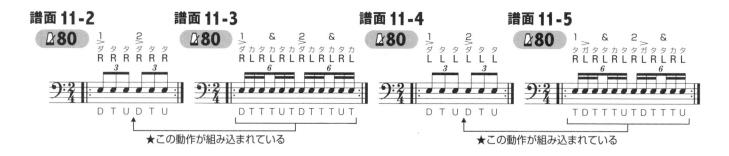

ステップ 2

ステップ②は6連符の3発目と4発目のアクセント練習。アクセントを叩く方の手は、片手3連符の2発目となる。片手アクセントを叩くだけでも力が入りやすくてやりにくいので、まずは片手だけで無理なく叩けるように練習しよう。

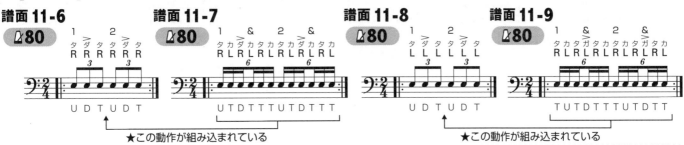

ステップ 3

続いて6連符の5発目と6発目のアクセント練習。アクセントを叩く方の手は片手3連符の3発目となる。6連符としても非常に拍を見失いやすいので、「きよみずでら（清水寺）」などの言葉を当てはめて、音をしっかりとイメージしながら練習しよう。

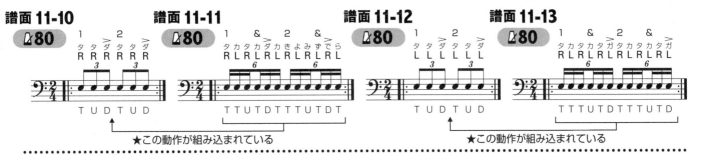

ステップ 4

ステップ④では6連符のアクセント移動の練習。2拍ずつでアクセントを切り変えて練習しよう。切り替わる瞬間はアクセント以外のタップやアップストロークの音量が上がってしまいやすいので、スティックの高さに気を付けながらメリハリのあるアクセント移動を心がけよう。

音数が多くなると、リズムもアクセントのメリハリも曖昧になってしまいやすい。スピードを上げることよりも、狙うべき場所に確実に入れられるようにしよう。

第2章 リズム感を鍛えるスティックコントロール

アクセントを鍛えるスティックコントロール⑤
6連符の2発のアクセント

練習テーマ

6連符を2発ずつアクセントしていくと、全部で15パターンになる。ここでは15パターン全て練習しよう。16分音符を2発ずつアクセントするよりも、グッと難易度は上がるが、6連符のリズムの理解を深めるためにも大切な練習なので、根気よく頑張ろう。

上達チェックポイント

力を抜いてできましたか？	YES / NO
目標の感覚は得られましたか？	YES / NO
イメージ通りの音は出せましたか？	YES / NO
自分を客観視できましたか？	YES / NO
今日も楽しく練習できましたか？	YES / NO

目標パターン　難易度 ★★★★★

6連符の2発アクセントの組み合わせパターン。アクセントが増えると、力も入りやすく音もバタつきやすいので、手を上げるタイミングなど、4つのストロークをしっかり意識しながらチャレンジしよう。2小節目はアクセントを連続で叩く「フルストローク」で叩くことになるので、動きを意識して、音のメリハリをつけられるようにしよう。

ステップ 1

1発目から始まる、6連符2発のアクセント練習。アクセントの位置が変わると、アップストロークの位置も変わるので、フォームをしっかり意識することが大切。始めは速く叩こうとは思わずに、ゆっくりから確実に強弱をコントロールしてメリハリのある音を出せるようにしよう。

練習日

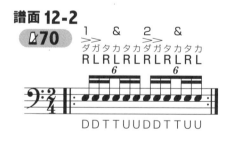

ステップ2

譜面12-7以降は2発目アクセントの始まりになる。2発目が拍の頭に感じてしまったり、リズムを見失わないように注意しよう。譜面12-8は左で連続してアクセントを叩くパターンとなる。アクセントに挟まれている右手の音量が上がってしまいやすいので、しっかり意識して練習しよう。

ステップ3

後半になるにつれて難易度も高くなってくる。特に譜面12-10はこの15パターンの中でも一番やりにくいパターンかもしれない。力でアクセントしようとすると、メリハリもつかないしスピードも上がらないので、そんなときこそスティックを握りすぎないように意識。スピードアップや、美しくアクセントをコントロールするにも脱力は必要不可欠なのだ。

ステップ4

最後の4パターン。それぞれのアクセントフレーズに慣れたら、15パターン全て繋げて叩いてみよう。全部繋げると長くなるので集中力を要するが、その分しっかり音がイメージできるようになるので、6連符の細かい音符も繊細に扱えるようになる。新たな境地に行くためにも、6連符の2発アクセントはぜひモノにしてほしい。

ドラムセットに応用 — 目標パターンのアクセント部分をタムに置き換え、移動の練習に応用

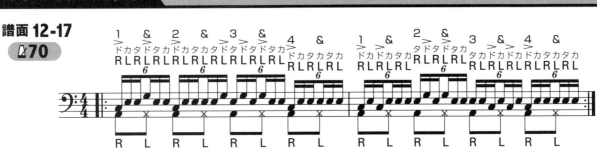

※Rのアクセントはフロアタム、Lのアクセントはハイタムへ移動。

やりにくく感じる場合は、まずアクセントの動作をしっかりとつかむことが大切。特にアップストロークの位置をしっかりと把握することが、滑らかな移動に繋がる。

第2章 リズム感を鍛えるスティックコントロール

アクセントを鍛えるスティックコントロール⑥
5連符のアクセント

練習テーマ

ここでは5連符のアクセント練習をしよう。5連符自体の使用頻度は少ないが、16分音符や6連符のフレーズの中で5連のまとまりになっている状況も多く、5連符を練習することで、より細かいリズムの感覚に目を向けるきっかけともなるので、ぜひチャレンジしてみよう。

上達チェックポイント

力を抜いてできましたか？	YES / NO
目標の感覚は得られましたか？	YES / NO
イメージ通りの音は出せましたか？	YES / NO
自分を客観視できましたか？	YES / NO
今日も楽しく練習できましたか？	YES / NO

目標パターン　難易度 ★★★★☆

目標パターンでは、5連符のアクセント移動にチャレンジ。切り替わるときは特に拍を見失ってしまいやすい。見失わないように5文字の言葉（カブトムシ）を当てはめてみたり、足でリズムを取りながら練習しよう。

ステップ1

まずは1発目にアクセントを加える。5連符のリズムを感じるコツは、「いけ・ぶくろ（2：3）」「あらし・やま（3：2）」など、5の中でまとまりを作るとリズムが取りやすくなる。2発目以降は拍の頭を見失いやすくなるので、ゆっくりから練習しよう。

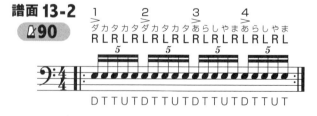

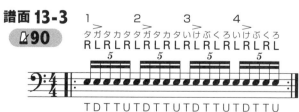

ステップ 2

続いて3発目と4発目のアクセント練習。手順が迷いやすくなるので、アップストロークの位置をしっかりと意識しよう。譜面13-4のパターンはアップストロークからのスタート。譜面13-5のパターンは2発目がアップストロークとなる。

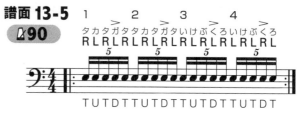

ステップ 3

譜面13-6は5発目にアクセント。リズムがひっくり返り、最後の5発目のアクセントを次の5連の1発目として捉えてしまうこともあるので、拍の頭をしっかり意識して練習しよう。譜面13-7は1発目と3発目にアクセントを加えたパターン。フルストロークを使い、アクセントが連続で続いている感覚を掴もう。

ステップ 4

譜面13-8は3発目と5発目にアクセント。譜面13-7と手順は同じなので、リズムがひっくり返り、譜面13-7と譜面13-8が混合しないように気を付けよう。譜面13-9は1発目と5発目のアクセント。拍の終わりから始めにかけてアクセントが続くので、拍を見失わないように注意。

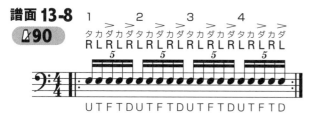

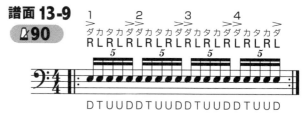

ドラムセットに応用 — 5連符の1発のアクセント移動をタムに置き換え、移動の練習に応用

※Rのアクセントはフロアタム、Lのアクセントはハイタムへ移動。

タムに移動すると拍を見失いやすくなる。5文字の言葉「カブトムシ」を当てはめ、超ゆっくりから、1拍の音型を確認しよう。

第2章　リズム感を鍛えるスティックコントロール

ポリリズムを鍛えるスティックコントロール①
16分を3つで割った3拍4連①

練習テーマ

16分音符（4連）を3つで割ったポリリズムの練習をしよう。ここでは「3」と「4」や「2」を組み合わせて、1小節のフレーズの練習。3拍4連のパターンは使用頻度も高く、ジャンル問わずあらゆる場面で応用されている。アクセントの練習としてもリズム練習としても効果絶大なので、しっかりと体に入れていこう。

上達チェックポイント

力を抜いてできましたか？	YES / NO
目標の感覚は得られましたか？	YES / NO
イメージ通りの音は出せましたか？	YES / NO
自分を客観視できましたか？	YES / NO
今日も楽しく練習できましたか？	YES / NO

目標パターン　難易度 ★★★☆☆

3連の手順を変えた「RLL/LRR」とパラディドル「RLRR/LRLL」を組み合わせた「3・3・3・3・4」の左右対称のパターンを練習しよう。手順が迷ってしまったり、滑らかに叩けないときは、それぞれのパターンから動きを確認し直そう。

譜面 14-1　♩100

ステップ 1

ステップ①では3連と4連を組み合わせて、1小節にまとめたフレーズの練習をしていこう。譜面14-2は「3・3・2（タコパ・タコパ・タコ）」、譜面14-3は「3・3・3・3・4（タコパ・タコパ・タコパ・タコパ・タコヤキ）」というまとまりとなる。タップやアップなどの、ノンアクセント部分の音量が上がりやすいフレーズなので、しっかり意識して練習しよう。

3連パターン [RLR/LRL]

ステップ 2

ステップ②では、3連のまとまりである、「タコパ」の部分のアクセントを移動させた練習。譜面14-4は「タコパ」の2発目アクセント。譜面14-5は「タコパ」の3発目アクセントとなる。アクセントの位置を変えることで、フレーズのバリエーションも増えていく。拍を見失わないように、カウントを取りながらチャレンジしよう。

3連パターン［RLR/LRL］

ステップ 3

ステップ③では、3連の手順を「RLL」に変えたフレーズ。手順は変わっても、音はステップ①と同じなので、音がイメージできればやりやすいハズ。譜面14-7のフレーズは2拍目から3拍目にかけて拍をダブルストロークでまたいだ形となるので、リズムを見失わないように気をつけよう。

3連パターン［RLL/RLL］

ステップ 4

ステップ④では、さらに3連の手順を「RRL」に変えて練習しよう。このフレーズも、ステップ①やステップ③と同じ音型となるが、ダブルストロークで「強→弱」を叩いているので、3連のイメージはより強くなる。アクセントのメリハリを付けることや、拍を見失わないようにすることなど、気をつける点がたくさんあるので、難易度が高い。

3連パターン［RRL/RRL］

ドラムセットに応用　譜面14-3の「3・3・3・3・4」をフィルに応用しよう

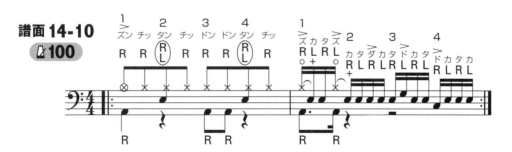

アクセントの位置に気を取られてスネアの音量が上がってしまうと、やかましくせわしないパターンになってしまう。スネアを狙うときのスティックの高さに注意して、アクセントのメリハリを意識しよう。

第2章 リズム感を鍛えるスティックコントロール

ポリリズムを鍛えるスティックコントロール②
16分を3つで割った3拍4連②

練習テーマ

16分音符（4連）の中で3連を叩き続ける練習。1小節ではまとまらないので、ドンドンずれ込んでいくことになる。ポリリズムは割った数でひと回りするので、16分を3つで割った場合では3拍、もしくは3小節で一周する。ここではいろんな手順で、16分3つ割り（3拍4連）を延々ループさせてみよう。

上達チェックポイント

力を抜いてできましたか？	YES / NO
目標の感覚は得られましたか？	YES / NO
イメージ通りの音は出せましたか？	YES / NO
自分を客観視できましたか？	YES / NO
今日も楽しく練習できましたか？	YES / NO

目標パターン　難易度 ★★★★☆

目標パターンでは、ステップ②の [RLL/RLL] の手順を32分音符に置き換えた、左右対称のスティックコントロール練習。3連の手順と、アクセントのメリハリ、そして切り替えのタイミングなど、気を付ける点はたくさんあるので、スピードを上げるよりも、美しく滑らかに叩けるようにする。

譜面 15-1
♩60

ステップ 1

ステップ①では、3連のパターン「RLR/LRL」を、16分音符の中でループさせる練習。リズムをキープすることに気をとられて、アクセントのメリハリがなくなってしまいやすいので、録音、録画して、フォーム、音ともに客観的に確認しよう。「1」の場所を見失わないように「1・2・3・4」とカウントしながらチャレンジ。

3連パターン [RLR/LRL]

譜面 15-2
♩100

ステップ 2

ステップ②では3連の手順を変えて、「RLL」を16分音符の中でループさせてみよう。手順が変わるので拍を見失いやすくなるが、音型はステップ①と一緒なので、慣れればやりやすくなる。3連のフレーズを叩いているが、1拍の音数は4連となるので、3連の音型（たぬき・たぬき……）と4連の音型（たぬきた・ぬきたぬ……）のふた通りをイメージできるようになると、拍やカウントを見失わなくなる。

3連パターン [RLL/RLL]

譜面 15-3　♩100

ステップ 3

ステップ③では、3連符の手順を [RRL/RRL] に変えてループさせてみよう。ダブルストロークの「強→弱」の動きになるので、しっかりとダイナミクスをコントロールしよう。あらゆる手順でできると、その分フレーズの引き出しも増える。

3連パターン [RRL/RRL]

譜面 15-4　♩100

ステップ 4

ステップ④では、3連符の手順を [RLR/RLR] に変えてループさせて練習しよう。アクセントの動作は「弱→強」になるので、この動きだけでも難易度は高くなる。まずはしっかりと3連の手順を体に染み込ませてから、16分音符の中で使っていけるようにしよう。

3連パターン [RLR/RLR]

譜面 15-5　♩100

ドラムセットに応用　16分音符3つ割りの「RLL」の手順のアクセントを各パーツに置き換え移動&リズムの練習に応用

譜面 15-6　♩100

3連パターン [RLL/RLL]

Ⓢ→スネア　Ⓗ→ハイタム　Ⓛ→ロータム　Ⓕ→フロア

このパターンを口でカウントを取りながら叩けるようになると、手を縦横無尽に動かしても頭の中でカウントを取れるようになる。リズム感も鍛えられるし、フィルにも手が出しやすくなるので、根気よく練習しよう。

第2章 リズム感を鍛えるスティックコントロール

ポリリズムを鍛えるスティックコントロール③
3連符を2つで割った2拍3連

練習テーマ

走ったりモタったり、リズムが狂いやすいパターンであるが、フィルやキメなどでも使用頻度が高い。しっかりとフレーズに落とし込んでいけるように、ここでは2拍3連のあらゆる組み合わせを練習しよう。

上達チェックポイント

力を抜いてできましたか？	YES / NO
目標の感覚は得られましたか？	YES / NO
イメージ通りの音は出せましたか？	YES / NO
自分を客観視できましたか？	YES / NO
今日も楽しく練習できましたか？	YES / NO

目標パターン　難易度 ★★★☆☆

シングルストローク (RLRL) の2拍3連と、ダブルストローク (RRLL) の2拍3連を組み合わせた、左右対称パターンの練習。強弱をしっかりとコントロールしてメリハリを出せるようにしよう。左手強化としても効果的で、スタジオ練習やライブ前の、ウォーミングアップのフレーズとしても活用できる。

ステップ1

3連符に2つずつアクセントを加えたパターン。「たぬき・たぬき」のまとまりを「たぬ・きた・ぬき」と2割している状態となる。譜面16-3は譜面16-2の左手を抜いて、アクセント部分だけ残したパターン。「アンパンマン」などの言葉を当てはめて練習しよう。1拍のまとまりは「アンパ・ンマン」となる。

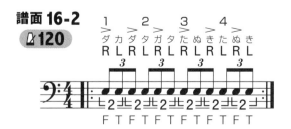

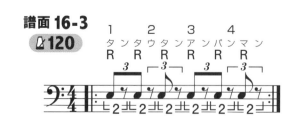

ステップ2

ステップ②は2拍3連のウラの練習。右スタートの3連符の左手にアクセントを加えた手順となる。左手のアクセントにつられて、右手の音量が上がってしまわないように気を付けよう。譜面16-5は右手を抜いて、左手のアクセントのみ残したパターン。繰り返すと譜面16-3の表の2拍3連と混合するので、表裏がひっくり返ってしまわないよう気を付けよう。

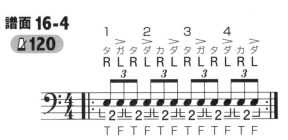

ステップ3

ステップ③では、2拍3連の表と裏の切り替え練習。はじめはアクセントの手順がややこしく感じてしまうが、音をしっかりイメージできれば比較的やりやすいパターン。譜面16-7は記載されている手順だけでなく「RLRLRL」など交互打ちしてみたり、手順をいろいろ変えて練習するのも効果的。

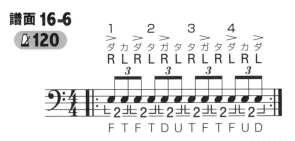

ステップ4

ステップ④では、3連符をダブルストローク（RRLL）で練習してみよう。2を強く感じてしまうので、拍を見失いやすい。まずはゆっくりから1拍ずつの音符を区切れるようにしていこう。譜面16-9は、さらにアクセントを加えたパターン。ダブルストロークの「強→弱」の動きとなるので、メリハリが出せるように、ゆっくりからしっかりとコントロールしよう。

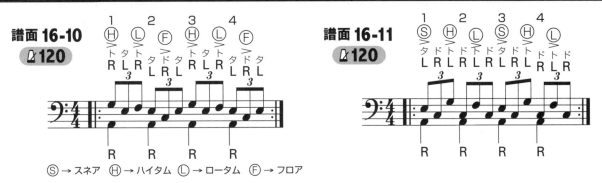

手だけで叩くと簡単なパターンであるが、足が入ると迷ってしまいやすいパターン。曖昧にならないように、1拍の音をしっかりと確認して遅めのテンポから練習しよう。

第2章 リズム感を鍛えるスティックコントロール

ポリリズムを鍛えるスティックコントロール④
3連符を4つで割った4拍3連

練習テーマ

4拍3連は2拍3連よりも拍を見失いやすく、難易度が高くなる。しかしその分、3連符をより深く理解できて、精度の高い3連符が扱えるようになる。フレーズの幅もグッと広がるので、ぜひチャレンジしてほしい。ここでは4拍3連のアクセント練習をしよう。

上達チェックポイント

力を抜いてできましたか？	YES / NO
目標の感覚は得られましたか？	YES / NO
イメージ通りの音は出せましたか？	YES / NO
自分を客観視できましたか？	YES / NO
今日も楽しく練習できましたか？	YES / NO

目標パターン　難易度 ★★★★☆

目標パターンでは3連符を4つで割った4拍3連のアクセント移動の練習をしよう。4連（タカタカ）が3つで1小節となるので、まずは4連（タカタカ・タカタカ・タカタカ）のイメージでアクセント移動して手順に慣れよう。手順に慣れたら3連符の音型（タカタ・カタカ・タカタ・カタカ）をイメージして、カウントに的確に合わせられるようにする。

譜面 17-1

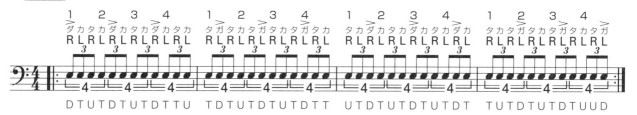

ステップ1

4連の頭にアクセントを加えた4拍3連。こういうポリリズムを習得するコツは『たこやき・たこやき・たこやき』の4のまとまりと『たこや・きたこ・やきた・こやき』の3連のまとまりの2通りのイメージを持つことが大切。慣れるまではスピードを上げずに、ゆっくりから練習しよう。譜面17-3は4連のアクセント部分だけとったもの。

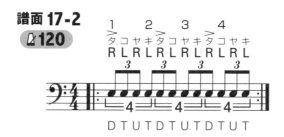

ステップ 2

続いて4連の2発目にアクセントを加えた4拍3連の練習。ややこしく感じるが、譜面17-2のパターンよりも3連のまとまりをイメージしやすいので、比較的やりやすい。譜面17-5のパターンはアクセントのみとったもの。休符から始まるので、曖昧にならないように、しっかりと「ウン」を感じて練習しよう。

ステップ 3

続いて4連の3発目のアクセント。気をつけるべき点は同じ。音をしっかりとイメージして拍を見失わないようにしよう。1拍目はアップストロークから始まる動作となるので、4つのストロークもしっかり意識する。

ステップ 4

ステップ④は4連の4発目アクセント。どの音符のアクセント練習にも言えることだが、最後にアクセントがくるパターンは1発目のアクセントと混合しやすいので、音の始まりを見失わないように気を付けよう。足や口などでカウントを取ることも大切。

ドラムセットに応用 — 4拍3連のアクセント部分を各パーツに置き換え、移動＆リズムの練習に応用

Ⓢ→スネア　Ⓗ→ハイタム　Ⓛ→ロータム　Ⓕ→フロア

手だけ叩くと4連（ドタタタ）なので、手順は簡単だが、足が入ると迷うフレーズ。とてもやりにくいが、かなり3連符が鍛えられる練習でもあるので、根気よく練習しよう。

57

第2章 リズム感を鍛えるスティックコントロール

ポリリズムを鍛えるスティックコントロール⑤
16分を5つで割った5拍4連

練習テーマ

ここでは16分音符の5つ割りを練習しよう。おしゃれにキメたいときや、テクニカルキメたいとき、フレーズにスパイスを加えたいときに16分5割は大いに役に立つ。難易度は高くなるが、よりリズムを深く理解することにも繋がるので、ぜひチャレンジしてみてほしい。

上達チェックポイント

力を抜いてできましたか？	YES / NO
目標の感覚は得られましたか？	YES / NO
イメージ通りの音は出せましたか？	YES / NO
自分を客観視できましたか？	YES / NO
今日も楽しく練習できましたか？	YES / NO

目標パターン　難易度 ★★★★★

16分音符を5つ割りしたポリリズムにチャレンジ。目標パターンでは、コンパウンドスティッキング5C［RLRLL/LRLRR］を続けて使い、最後に7C［RLRLLRR/LRLRRLL］を加えた2小節の左右対称フレーズ。リズムを見失いやすいパターンではあるが、ステップ④がしっかりと体に入っていれば問題なく叩けるはず。根気よく練習しよう。

ステップ 1

ステップ①では、まず5つ割りを1小節にまとめたフレーズの練習。「5・5・6」の組み合わせで練習しよう。「カブトムシ・カブトムシ・クワガタムシ」など、言葉を当てはめてチャレンジ。最後の6連は何発叩いたかわからなくなるので、ゆっくりから確実に狙えるように練習しよう。譜面18-3は5連にアクセントを増やしたパターン。

| ステップ 2 | ステップ②では16分（4連）の中で5連をループさせてみよう。ポリリズムは割った数でひと回りするので、5つ割りの場合は5拍、もしくは5小節でひと回りする。非常にややこしく感じるが、4連の音型で、延々とアクセント移動してると思えばやりやすくなるはずだ。とは言え、5連のイメージも持つことが大切なので、「カブトムシ・カブトムシ」と5文字の言葉を当てはめて練習しよう。| |

譜面 18-4　5連パターン【RLRLR / LRLRL】
♩100

| ステップ 3 | ステップ③では手順を変えてみる。コンパウンドスティッキング（数字とアルファベットで手順を示したもの。数字は全体の数、アルファベットはシングルストロークの数）の【5A（RLLRR/LRRLL）】を16分5割に当てはめてみよう。手順が変わっても音型はステップ②と同じになるので、5A自体の手順に慣れたら音のイメージで叩けるようにしよう。| |

譜面 18-5　5連パターン【RLLRR / LRRLL】
♩100

| ステップ 4 | ステップ④ではコンパウンドスティッキングの【5C（RLRLL）】を16分音符の中で使っていこう。右手をアクセントを増やしたこのパターンは、ステップ②や③と音が変わるので、まずは体に5Cを無意識で叩けるようになるまで落とし込んでから16分に応用した方が掴みやすくなる。滑らかに叩けるようになると、リズム感もしっかり鍛えられて、フィルの引き出しも増えるので、難易度は高いがぜひチャレンジしてみてほしい。| |

譜面 18-6　5連パターン【RLRLL】
♩100

ドラムセットに応用　コンパウンドスティッキング5Cをフィルに応用してみよう

譜面 18-7
♩100

5連パターン【RLRLL】

手順は5C（RLRLL）の応用であるが、1拍の16分音符の音型をしっかりと掴むことがこのパターン攻略のカギとなるので、曖昧にならないように的確に叩けるようにしよう。アクセントのメリハリもしっかり意識すること。

第2章　リズム感を鍛えるスティックコントロール

シンコペーションを鍛えるスティックコントロール①
8分音符のシンコペーション

練習テーマ

シンコペーションとは、弱拍（裏拍）を強調し、リズムに変化を与えることをいう。いわゆる「食う」リズム。フィルにもリズムパターンにも、あらゆる場面で耳にする。ここではタイや4分音符を使った、8分音符のシンコペーション練習をしよう。

上達チェックポイント

力を抜いてできましたか？	YES / NO
目標の感覚は得られましたか？	YES / NO
イメージ通りの音は出せましたか？	YES / NO
自分を客観視できましたか？	YES / NO
今日も楽しく練習できましたか？	YES / NO

目標パターン　難易度 ★★★☆☆

目標パターンではシンコペーションフレーズを繋げて練習しよう。慣れてきたら4ビートを叩きながら、このフレーズをスネアやバスドラムに置き換えて練習すると、コンピング（スネアやバスドラムで行う合いの手的なフィル）の練習となる。拍を見失わないように、カウントしながらチャレンジしよう。

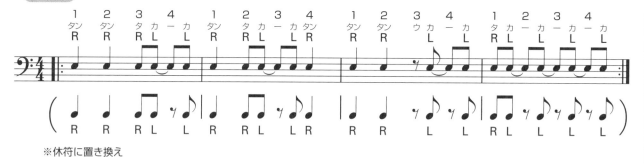

※休符に置き換え

ステップ 1

ステップ①のシンコペーション練習。ドラムは1発の音が短いので、休符を使った音と同じになるが、シンコペーションして音を伸ばした「タカーカ」と休符を使った「タカンカ」ではニュアンスが異なる。音のイメージを明確に持つことは良いグルーヴを出すことにも繋がるので、より深くイメージして練習しよう。

練習日

※休符に置き換え

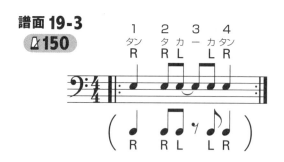

ステップ 2

ステップ②は、ステップ①よりも少しやりにくくなる手順。特に譜面19-5のパターンはシンコペーションが連続して続くので、拍を見失わないように注意しよう。読みにくい場合は、タイで繋いだ音符を休符に書き換えて、音のイメージを持てるようにしよう。

ステップ 3

ステップ③はシンコペーションを4分音符の表記で練習しよう。この表記は、ロックやポップスのドラム譜では見かけることは少ないが、ジャズの4ビートのコンピングを演奏するときに、メモ的に使用することが多い。裏拍であるはずの4分音符が表に来てしまわないように、しっかりとカウントを意識して練習しよう。

ステップ 4

ステップ④では、タイと4分音符の表記を組合わせたシンコペーション。シンコペーションの表記に慣れるためには、「書く」と「歌う」と「叩く」というアウトプットが、最も効果的な練習となる。音符が繋がっているイメージを持ち、流れるように演奏しよう。

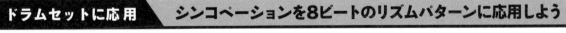

ドラムセットに応用 — シンコペーションを8ビートのリズムパターンに応用しよう

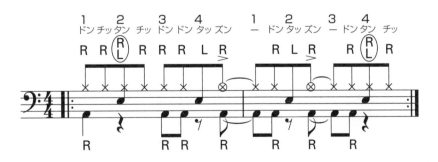

シンバルでシンコペーションを強調した定番パターン。いわゆる「食った」場所は走りやすいので、クリックを8分音符で鳴らして、音がどのくらい伸びているのかを確認して練習しよう。

第2章 リズム感を鍛えるスティックコントロール

シンコペーションを鍛えるスティックコントロール②
16分音符のシンコペーション

練習テーマ

16分音符をタイで繋げて、16分音符のシンコペーション練習をしよう。8分音符よりも狙いどころが細かくなるので、しっかりとリズムを意識することが大切。ここではいろんな音符の組み合わせで練習していこう。

上達チェックポイント

力を抜いてできましたか？	YES / NO
目標の感覚は得られましたか？	YES / NO
イメージ通りの音は出せましたか？	YES / NO
自分を客観視できましたか？	YES / NO
今日も楽しく練習できましたか？	YES / NO

目標パターン　難易度 ★★★★☆

目標パターンは16分音符のシンコペーションフレーズを繋げて練習しよう。いきなり叩き始める前に、まずは全体の音を確認。タイを使った表記が読みにくい場合は、タイで繋がった音符を休符に置き換えて、流れを掴む。音符と音符が繋がって、音が伸びているイメージを持って演奏しよう。

ステップ1　ステップ①では「タカタカ」からタイで繋げたシンコペーションフレーズ。読みにくい場合はタイで繋がった音符を休符に置き換え、音型を確認。慣れたら休符の「ウン」という止まるニュアンスではなく、音を伸ばすイメージで練習しよう。

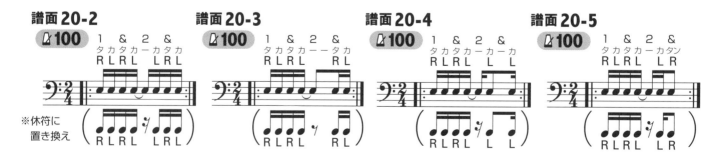

ステップ2

ステップ②では「タンタカ」からタイで繋げたシンコペーションフレーズ。16分音符の4発目を強調することになるので、狙いどころが曖昧になってしまわないように気をつけよう。口で「1&2&‥」とカウントを歌いながら、狙いどころを明確にしていく。

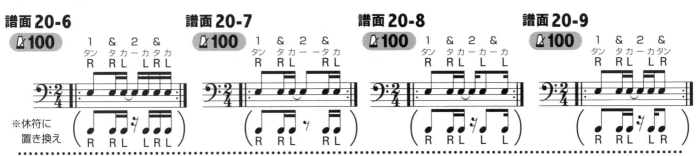

ステップ3

ステップ③では、「タカンカ」からタイで繋げたシンコペーションフレーズの練習。ステップ①やステップ②よりも左手を多く使い、リズムが取りにくく曖昧になりやすいので、こちらも同じく、口でしっかりとカウントを取りながらチャレンジしよう。

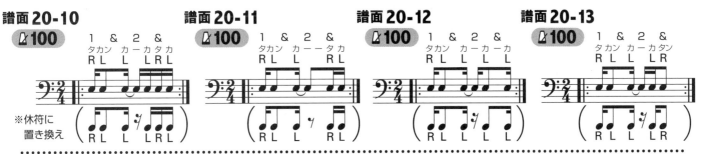

ステップ4

ステップ④では「タンウカ」からタイで繋げたシンコペーションフレーズ。叩く音が少なくなるので、こちらもリズムを見失わないように気をつけよう。シンコペーションの滑らかさは、豊かな表現で演奏する上で欠かせないので、ゆっくりからしっかりと体に入れていこう。

ドラムセットに応用 — 細かいシンコペーションを8ビートのリズムパターンに応用しよう

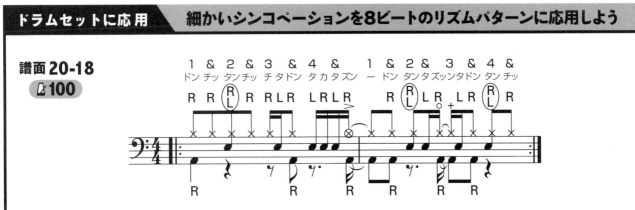

16分ウラを強調したシンコペーションフレーズとなる。ハシりやすく曖昧になりやすいので、ものすごくゆっくりなテンポで、音の長さをしっかり理解しよう。

column

音符や手順の複雑さに負けず、楽しく練習する方法

教則本には音符がたくさん並んでいます。
本を開いた瞬間に、たくさん並んだ音符に圧倒されて、「ウッ……」となってしまう人も多いのではないでしょうか。
ここでは音符の複雑さに負けず、楽しく練習するための工夫を紹介します。

手順を区切って視覚的に分ける

本書に載っている基礎練習の中には複雑なパターンもあります。
目の前の手順を、「R、L……」と、1打1打順番に追っていくようなやり方だと、なかなか体に入らず、忘れやすくなり、上達しにくいです。

例えば「946564830475」というような数字が並んでいると覚えるのが大変ですが、「9465-6483-0475」というようにまとまりを作ると、見やすくなるし、覚えやすくなります。
本書の音符や手順も見にくく感じる場合は、縦線を入れて区切ってみましょう。

グループ化する

本書の基礎練習は「ダブルストローク」「パラディドル」「フラム」など、たくさんの種類がありますが、「これとこれは左手を鍛えるのに役に立つな」「これとこれはスピードアップに役に立つな」など、自分の中でいくつかのパターンをグルーピングして練習すると、目的に沿った、効率の良い練習をすることができます。

また曲を覚えるときも、頭から順番に譜面読んで手順を追っていくのは、上記の番号を順番に覚えているようなもので、非常に効率が悪いです。
曲をざっくり「Aメロ」「サビ」など構成をまとめたり、「2拍」、「1小節」、「4小節」、「8小節」など、フレーズにまとまりを作ると覚えやすくなります。

基礎練習をするとき、フレーズを覚えるとき、曲を覚えるときは「グループ化する」ということを意識してみましょう。

知っている記憶と結びつけて練習すると記憶しやすい

僕のレッスンではドラム未経験の方に、8ビートから習得してもらうことが多いですが、なかなか習得できない人は、「右手を4回叩くうちの3回目に左手を入れて……」とイメージよりも、手順を追っていってしまいます。
習得が早い人は、過去に聴いた音楽、ライブやコンサートに行ったときの経験などから、「このリズムパターンは、あのとき観た（聴いた）パターンだ」と、すでに自分の中にある音やイメージなど、経験や記憶とうまく結びつけることができるので、習得が早く、忘れにくいのです。

本書のパターンを練習するときも、「何に使われるかわからない」と思いながら練習するのではなく『これはあのドラマーが使っていたパターンだ！』『あのレッスン動画で見たパターンだ！』と、自分の中の記憶との繋がりを見つけられると上達にも繋がります。

新しい技術や知識を身に付けるときは、自分の出来事、経験、体験、思い出と結びつけて覚えるようにしてみましょう。

ドラム・
スティック
コントロール

第3章 ルーディメンツを鍛える スティックコントロール

第3章 ルーディメンツを鍛えるスティックコントロール

ダブルストロークを鍛えるスティックコントロール①
ダブルストロークを鍛える

練習テーマ

1回の動作で2発叩くダブルストローク。ダブルストロークができるようになると、弾む感覚をしっかりとコントロールできるようになるので、脱力できたり、スピードアップにも繋がる。左手スタートもできると左手強化にも繋がるので、ここではダブルストロークの感覚を掴むための練習をしよう。

上達チェックポイント

力を抜いてできましたか？	YES / NO
目標の感覚は得られましたか？	YES / NO
イメージ通りの音は出せましたか？	YES / NO
自分を客観視できましたか？	YES / NO
今日も楽しく練習できましたか？	YES / NO

目標パターン　難易度 ★★☆☆☆

ダブルストロークで16分音符を叩く。音量や音色にバラツキがないよう、綺麗に粒を揃えることを心がける。慣れないうちは無理にスピードを上げようとせず、焦らずゆっくりから練習しよう。

※ Rは『タ』、Lは『ト』で表記

ステップ 1

まずはダブルストロークの動きの基となる8分音符の練習。スティックの高さを揃えて、手を交互に動かすことを意識する。『タントン』を叩きながら、口で『タタトト』と歌って、16分音符のダブルストロークをイメージしてみよう。

練習日 ／

66

ステップ 2

ステップ②では8分音符の動作で、右手だけダブルストロークしてみよう。音は『タタトン』になるが、手は交互に動かして8分音符の動作を意識する。慣れないうちは親指と人差し指でギュッと握ってしまい、ダブルストロークを潰してしまうので、手の力を抜いて、リバウンドを意識しよう。左スタートもできるようにしておくと便利。

ステップ 3

ステップ③は8分音符の動作で、左手だけダブルストロークにしてみよう。ダブルストロークを叩くと反対の手が止まってしまいそうになるので、反対の手を引き離すように上げながら、ダブルストロークができると分離しやすくなる。慣れたら左スタートもできるようにしよう。

ステップ 4

ステップ④では8分音符の動作から、両手をダブルストロークし、16分音符を叩いてみよう。両手をダブルストロークすると、2発叩くことばかりに気をとられて、音の滑らかさが二の次になってしまうので、やりにくい場合はステップ①に戻り、音とフォームを見直そう。

ドラムセットに応用 — タムやフロアなど、低反発な場所でダブルストロークの練習をしよう

究極のダブルストロークの練習場所は「太もも」。太ももは超低反発なので、太ももでダブルストロークできればハイハットでもフロアタムでも、どこでもできるようになる。

第3章　ルーディメンツを鍛えるスティックコントロール

ダブルストロークを鍛えるスティックコントロール②
ダブルストロークでチェンジアップ

練習テーマ

ここではダブルストロークでチェンジアップし、いろいろな音符を練習しよう。16分音符や8分音符だけでなく、3連符や6連符でも扱えるようにすることで、より巧みなリズム感が鍛えられる。そしてフレーズの引き出しも増えて表現も豊かになること間違いなし。

上達チェックポイント

力を抜いてできましたか？	YES / NO
目標の感覚は得られましたか？	YES / NO
イメージ通りの音は出せましたか？	YES / NO
自分を客観視できましたか？	YES / NO
今日も楽しく練習できましたか？	YES / NO

目標パターン　難易度 ★★★☆☆

ダブルストロークによるチェンジアップ練習。4分音符、8分音符、3連符、6連符、32分音符を一定のテンポで往復する。注意すべき点はやはり音符が切り替わるとき。特に速いリズムから遅くなっていくのはリズムが取りにくい。コツはクリックが鳴る表拍ではなく、クリックが鳴っていない裏拍をしっかりとイメージできるとリズムが鮮明になってくる。クリックのどこに手が当てはまるのかをしっかりと理解しよう。

譜面22-1
♩=80

ステップ1　ステップ①ではダブルストロークで4分音符と8分音符の練習。4分音符は慣れていないとタイミングが取りにくく、手を上げたハイポジションで待機してしまう。これではリズムよく狙えないので、手を低い位置に待機したローポジションで構えて、叩くために手を上げる動作にもリズムを感じられると、心地よく演奏できるようになる。

練習日

譜面22-2 ♩=80

譜面22-3 ♩=80

ステップ2

ステップ②では16分音符と32分音符でのダブルストローク練習。32分音符のように音数が多くなると、ダブルストロークの粒が潰れて曖昧になってしまいやすい。押しつぶすように叩くのではなく、指や手首の感覚でしっかりと2発目を拾って、美しいロールができるように意識して練習しよう。

ステップ3

ステップ③では4分音符、8分音符、16分音符、32分音符の往復。リズムが切り替わるときは全て右手にクリックが当てはまることになるので、しっかりと合わせられるように意識しよう。32分音符が無理なく叩けるくらいのテンポに設定して的確に狙っていこう。

ステップ4

ステップ④ではダブルストロークで3連符、6連符の練習。音のまとまりを「RRLL」でイメージすると確実にリズムを見失うので、「RRLLRR・LLRRLL」といった6のイメージをしっかりと持つことが大切。譜面22-7の2拍目と4拍目は拍をまたぐところにダブルストロークが入っているので、リズムを見失わないようにしっかり意識して練習しよう。

ドラムセットに応用 — バスドラムで4分音符をキープしながら、ダブルストロークチェンジアップを練習しよう

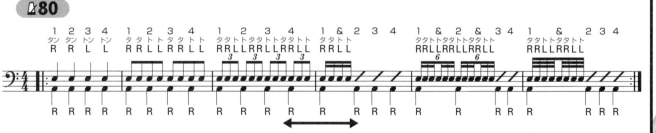

3連符、6連符は時に切り替えが難しいので、4分音符からひたすらやり続けるよりも、8分音符から3連符のみを往復したり、やりにくい場所を切り取って練習しよう。

第3章　ルーディメンツを鍛えるスティックコントロール

ダブルストロークを鍛えるスティックコントロール③
アクセントの動作でダブルストローク①

練習テーマ

ダブルストロークはひたすら2発ずつ叩いて練習するよりも、4つの基本ストロークを意識できたほうが応用が効かせやすくなるし、スピードも精度も上がる。4つの基本ストロークを使うために、アクセントの動作の中でダブルの練習をしよう。ここでは1発のアクセント動作のアクセント以外をダブルストロークで埋める練習をする。

上達チェックポイント

力を抜いてできましたか？	YES / NO
目標の感覚は得られましたか？	YES / NO
イメージ通りの音は出せましたか？	YES / NO
自分を客観視できましたか？	YES / NO
今日も楽しく練習できましたか？	YES / NO

目標パターン　難易度 ★★★☆☆

譜面23-1は定番のアクセントフレーズ「3・3・3・3・4」の、アクセント以外をダブルストロークで埋めたフレーズ。アクセントの動作の中で手癖のように操れるととても便利。譜面23-2は3連符のアクセントフレーズにダブルストロークを加えたもの。どちらのパターンも、まずはアクセントの動作を確認し、ダブルストロークが入った状態での音のイメージをしっかりと持つことが攻略の鍵となる。

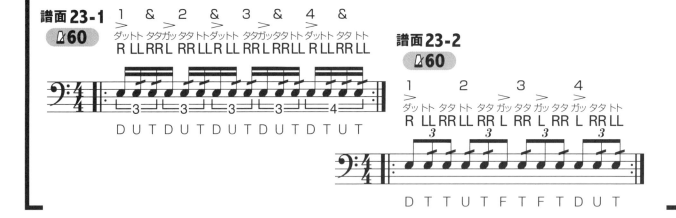

ステップ1

右手のアクセント以外をダブルストロークにした練習。譜面23-3は1発目、譜面23-4は3発目のアクセント以外をダブルで埋めたパターン。コツはシングルストロークのアクセント練習と同様、アップストロークをしっかり意識することで滑らかなダブルストロークが可能となる。力が入ってしまう場合はダブルストロークをせずに、もともとのアクセントの動作をしっかり確認しよう。

練習日

ステップ 2

ステップ②は左手のアクセント以外をダブルで埋めた練習。2発叩くことばかりに気をとられると、左手のアクセントの音が小さくなってしまったりと曖昧になるので、アクセントもしっかり意識できるようにしよう。左手でアクセントが安定して操れると、8ビートなどで細かく左手を動かす状況などにしっかり対応できるようになる。

譜面 23-5 ♩=60

譜面 23-6 ♩=60

ステップ 3

16分音符のアクセント移動の、アクセント以外をダブルストロークで埋めた練習。ここでは2拍ずつで切り替えて練習してみよう。切り替えのタイミングで拍を見失ってしまい何発叩いたかわからなくなるので、しっかりと1拍ずつの音をイメージしよう。こちらもまずはもともとのアクセントの動作を身体にしっかり染み込ませることが大切なので、うまくいかないときはダブルストロークをせずにアクセントの動作を確認しよう。

譜面 23-7 ♩=60

ステップ 4

ステップ④は3連符のアクセント以外のところをダブルストロークで埋める練習。さまざまな音符やリズムで練習することで、リズムもしっかりと鍛えられるし、豊かな表現ができるようになる。3連符は16分に比べて、さらに手順も迷いやすくリズムも狂いやすいので、ゆっくりから確実に掴んでいこう。

譜面 23-8 ♩=80

譜面 23-9 ♩=80

譜面 23-10 ♩=80

ドラムセットに応用 — 目標パターンのアクセントフレーズをハイハットに置き換えハイハットワークの練習をしよう

譜面 23-11 ♩=60

譜面 23-12 ♩=80

ハイハットは左足の踏み具合や叩く場所によって音が変わるので、出したい音をしっかりとイメージしながら、理想のハイハットワークを追求しよう。

第3章 | ルーディメンツを鍛えるスティックコントロール

ダブルストロークを鍛えるスティックコントロール④
アクセントの動作でダブルストローク②

練習テーマ

ここでは2発のアクセントの動作の、アクセント以外をダブルストロークで埋める練習しよう。この項目がクリアできれば16分音符の動作の中で、ダブルストロークがかなり自由に扱えるようになる。シングルとダブルの切り替えがスムーズにできると、それだけ表現の幅も広がるので、しっかりモノにしていこう。

上達チェックポイント

力を抜いてできましたか？	YES / NO
目標の感覚は得られましたか？	YES / NO
イメージ通りの音は出せましたか？	YES / NO
自分を客観視できましたか？	YES / NO
今日も楽しく練習できましたか？	YES / NO

目標パターン　難易度 ★★★★☆

16分音符の2発アクセントは全6フレーズとなるが、目標パターンでは、それを1拍ずつ全て繋げて、さらにアクセント以外をダブルストロークで埋める。ダブルを加える前に、まずはアクセントの動作をしっかりと体に入れることが大切なので、4つのストロークを意識して、その動きの中でダブルストロークを滑らかに叩けるようにしよう。

譜面24-1 ♩60

ステップ1

ステップ①では「R→L」の順番でダブルストロークをする2発アクセント動作の、アクセント以外をダブルストロークで埋める。譜面24-2は「ダウン→アップ」、譜面24-3は「アップ→ダウン」の動作になるので、そこがしっかり意識できると、滑らかにダブルストロークを加えることができる。

練習日

譜面24-2 ♩60

譜面24-3 ♩60

ステップ 2

ステップ②は「L→R」の順番でアクセントが続くフレーズにダブルを加える。手を上げるタイミングなどの順番がステップ①とは異なるので、4つのストロークをしっかりと意識しよう。譜面24-4のパターンはルーディメンツの「6ストロークロール」となる。

譜面 24-4 ♩60

譜面 24-5 ♩60

ステップ 3

ステップ③はタップストロークしている場所をダブルで埋める練習。どちらのパターンもアクセントはフルストロークで叩くことになるので、ノンアクセントとなるダブルストロークがつられてしまわないように気をつけよう。ダブルストロークのスピードアップに効く良い練習パターンと言える。

譜面 24-6 ♩60

譜面 24-7 ♩60

ステップ 4

ステップ④では2発のアクセント移動の、アクセント以外をダブルストロークで埋める。ここでは2拍ずつ切り替えて練習しよう。切り替えのタイミングは難しいので、まずはしっかりとアクセントの動作を身体に入れよう。無理にスピードを上げようとせずに跳ね返ってくる感覚を感じながら、スマートに演奏できるように心がけよう。

譜面 24-8 ♩60

ドラムセットに応用 — 2発アクセント以外をダブルにした音符をハイハットに置き換え16ビートに応用しよう

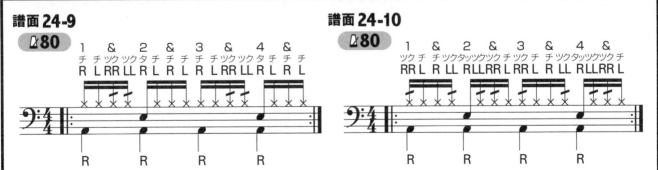

16ビートがやりにくい場合は、ハイハットが正面になるように体の向きやポジションを工夫して練習しよう。セッティングやポジションを変えることで、できなかったことができるようになることもある。

第3章　ルーディメンツを鍛えるスティックコントロール

パラディドルを鍛えるスティックコントロール①
パラディドルを鍛える

練習テーマ

右手と左手をバランスよく鍛えるだけでなく、フィルにもリズムパターンにも、さまざまなことに応用できる万能食材のパラディドル。ここではパラディドルの基本の動作と、スピードアップのための感覚を練習しよう。パラディドルに限らずあらゆるルーディメンツはパターンを分解し、右手と左手を分離することでより効果的な練習ができるのだ。

上達チェックポイント

力を抜いてできましたか？	YES / NO
目標の感覚は得られましたか？	YES / NO
イメージ通りの音は出せましたか？	YES / NO
自分を客観視できましたか？	YES / NO
今日も楽しく練習できましたか？	YES / NO

目標パターン　難易度 ★★☆☆☆

シングルストローク、ダブルストローク、パラディドルを切り替えて練習しよう。手順は変わっても4連のアクセントとしての音型はしっかりとキープする。パラディドルからシングルストロークに戻るときは、ごちゃっとしてしまいやすいので気をつけよう。ダブルストロークは8分音符、パラディドルは4分音符の動作を意識すると、リズムがうまく取りやすくなり、切り替えやすくなる。

譜面25-1　♩100

※ Rは『タ』、Lは『ト』で表記

ステップ 1

ステップ①では8分音符でパラディドルを叩いて手順に慣れよう。手順に迷ってしまうときは「タトタタ・トタトト」と、口で歌いながら練習すると迷わずにやりやすくなる。譜面25-3はパラディドルの頭にアクセントを加えてみよう。小さな音が大きくならないように、スティックの高さに気を付けながら、アクセントのメリハリをしっかりとつけられるようにしよう。

練習日

譜面25-2　♩100

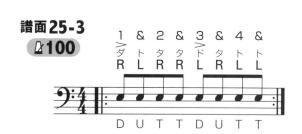

譜面25-3　♩100

ステップ 2

ステップ②では、よりアクセントの動作を意識する練習。3連符のアクセントの動作『DUT・DUT（たぬき・たぬき）』をまずはしっかりと身体に入れて、タップストロークを1発加える。『DUTT・DUTT（たぬきち・たぬきち）』。コツは手を上げながら（アップストロークしながら）のダブルストロークを意識するとしっかり分離できる。

この3連符アクセントの動作でパラディドル

ステップ 3

ステップ③では、よりパラディドルのスピードを上げる練習。譜面25-6では4分音符の動作からパラディドルへ繋げる。4分音符を叩くついでにパラディドルを叩くイメージ。譜面25-7はパラディドルを分解して、アクセントからダブルへ繋がる動作を掴む練習。慣れないと窮屈になるが、これがスマートに叩けると劇的にスピードが上がる。

ステップ 4

ステップ④では右手と左手で叩く場所を変えて、それぞれの音をイメージし、分離する。片手は打面を叩き、片手はリム（スネアの縁）を叩く。このときに意識すべきことは、リムと打面が混ざった音ではなく、打面のみの音をイメージして、片手の音がどうなっているかを確認する。「タンタタ・ウタウン」といった片手だけの音をイメージしながら叩けるとしっかり分離・脱力できるようになる。

ドラムセットに応用 — パラディドルのアクセント部分を各パーツに置き換え移動の練習に応用

パラディドルを滑らかに移動するためには、やはりアップストロークへの意識は欠かせない。4つのストロークを意識することで、滑らかで力の抜けた移動が可能となる。

第3章 ルーディメンツを鍛えるスティックコントロール

パラディドルを鍛えるスティックコントロール②
パラディドルでチェンジアップ

練習テーマ

ここではノーマルパラディドルの手順で、4分音符から32分までチェンジアップしよう。3連符などの奇数音符はリズムが複雑になるので、難易度が高くなるが、いろいろな音符でのパラディドルが扱えると手順の迷いも少なくなるので、アドリブにも強くなる。根気強く練習しよう。

上達チェックポイント

力を抜いてできましたか？	YES / NO
目標の感覚は得られましたか？	YES / NO
イメージ通りの音は出せましたか？	YES / NO
自分を客観視できましたか？	YES / NO
今日も楽しく練習できましたか？	YES / NO

目標パターン　難易度 ★★★☆☆

4分音符から32分音符までのパラディドルを2小節ごとに切り替えたチェンジアップの練習。3連符や6連符に切り替わるときは特に拍を見失いやすいので、上手く繋げられないときは、それぞれの音符のパラディドルをしっかりと体に入れてからこの目標パターンに取り組んでいこう。

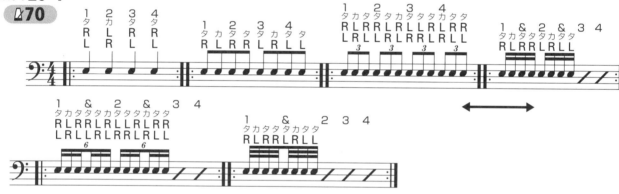

ステップ 1

ステップ①は、4分音符、8分音符でパラディドルを練習しよう。ゆっくりなパターンほど、フォームや音をしっかりとイメージすることで、スピードアップしたときにも美しく演奏することができる。一打一打をしっかりと意識して集中して叩くことは、より良いグルーヴを出す秘訣でもある。

練習日

ステップ 2

ステップ②は、16分音符と32分音符の練習。スピードが上がると、アクセントのメリハリやダブルストロークが曖昧になってしまいやすいので、やりにくい場合はテンポを落として練習しよう。32分音符は1拍で8発叩くので、手は速く動いていながらも身体のリズムはゆったり取ることを心がけよう。

ステップ 3

ステップ③は4分、8分、16分、32分のパラディドルを2小節ずつで切り替えて練習。32分音符が無理なく叩けるテンポに設定してからチャレンジしよう。切り替えが難しい場合は、シングルストローク（RLRL）の手順に置き換えて、音符の長さをしっかりと確認しよう。

ステップ 4

ステップ④ではパラディドルを3連符、6連符で叩く。1拍ずつの3連符としての音型と、パラディドル（4連）の音型のふた通りの解釈が必要となる。拍が取れない場合は3連符（たぬき）を4つで割った「4拍3連（たぬきた・ぬきたぬ・きたぬき）」のシングルストロークを練習しリズムを確認しよう。

ドラムセットに応用　バスドラムで4分音符をキープしながらパラディドルチェンジアップの練習をしよう

特に3連符、6連符は拍を見失いやすく難易度が高いので、しっかりとパターンを理解してからチェンジアップしよう。4分音符からのチェンジアップがやりにくい場合は、苦手なところだけ抜粋して練習してもいい。

第3章　ルーディメンツを鍛えるスティックコントロール

パラディドルを鍛えるスティックコントロール③
いろいろなパラディドル

練習テーマ

パラディドルはルーディメンツ用語。「パラ」は「RL」のシングルストロークの部分。「ディドル」は「RR/LL」のダブルストロークの部分を表している。ここではその組み合わせが変わったいろいろなパラディドルを練習しよう。いろいろなパラディドルを操れると、フレーズの引き出しはどんどん増えていく。

上達チェックポイント
力を抜いてできましたか？	YES / NO
目標の感覚は得られましたか？	YES / NO
イメージ通りの音は出せましたか？	YES / NO
自分を客観視できましたか？	YES / NO
今日も楽しく練習できましたか？	YES / NO

目標パターン　難易度 ★★★☆☆

目標パターンはパラディドルを使ったポリリズム練習。譜面27-1のパターンはパラディドルディドルを16分に応用。譜面27-2はトリプルパラディドルを6連符に応用したパターン。攻略としては、まずそれぞれのパラディドルの手順をしっかりと体に取り込むこと。そして16分や6連符のリズムを体に取り込むことだ。フレーズに慣れたら口でカウントを取りながら演奏できると、よりリズム感が鍛えられる。

ステップ 1

ステップ①ではパラがトリプルになったトリプルパラディドルの練習。左スタートも長く続くので、左手強化にも最適なパラディドル。譜面27-4のパターンはアクセントを増やしたパターン。アクセントのメリハリを意識して、ゆっくりから確実に練習しよう。

ステップ2

ステップ②では「パラ」がダブルになった「ダブルパラディドル」の練習。6連符のパラディドルとなるので、リズムをしっかり意識しよう。裏拍をしっかりと感じられるとより鮮明に6連符を表現できるので「RLR・LRR／LRL・RLL」と3ずつ区切って練習するのも良い。シングルとダブルを自分なりに組み合わせて、オリジナルの練習パターンを作ることも良い練習となる。

譜面 27-5

譜面 27-6

ステップ3

ステップ③は「ディドル」が連続した「パラディドルディドル」の練習。手を上げながらのダブルストロークを意識できると、滑らかに叩くことができる。こちらは左右入れ替わらないパターンなので、左スタート「LRLLRR」も練習できると左手強化にも効果的なパターンとなる。

譜面 27-7
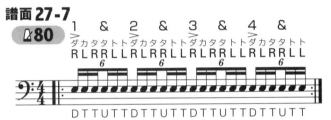

譜面 27-8

ステップ4

ステップ④は少し変化が加わったパラディドルディドルを練習しよう。譜面27-9はパラディドルディドルがひっくり返った格好になっている「リバースパラディドルディドル」。このパターンの右手はシンバルレガートの形になっている。譜面27-10は左右対称に演奏する「インバーテッドパラディドルディドル」。切り替えをスマートに行えるように、動きを確認して練習しよう。

譜面 27-9

譜面 27-10

ドラムセットに応用　目標パターンのパラディドルを使ったポリリズムのアクセント部分をタムに移動

譜面 27-11

譜面 27-12

いきなり叩き始めるよりも、まずはここで使われているパラディドルディドル（RLRRLL）とトリプルパラディドル（RLRLRLRR／LRLRLRLL）の手順をしっかり身体に入れてからチャレンジしよう。

第3章 ルーディメンツを鍛えるスティックコントロール

パラディドルを鍛えるスティックコントロール④
パラディドルのアクセント移動

練習テーマ

ここでは4つのパラディドルを使って、パラディドルのアクセントを練習しよう。パラディドルのアクセントがコントロールできるようになると、あらゆる手順のアクセントに対応できるようになる。アドリブでのアクセントフレーズも演奏しやすくなるので、しっかりと練習していこう。

上達チェックポイント
力を抜いてできましたか？	YES / NO
目標の感覚は得られましたか？	YES / NO
イメージ通りの音は出せましたか？	YES / NO
自分を客観視できましたか？	YES / NO
今日も楽しく練習できましたか？	YES / NO

目標パターン　　難易度 ★★★☆☆

目標パターンは、パラディドルのアクセント移動の左右対称練習をしよう。フレーズも長いので、ものすごくややこしく感じるが、手順の感覚は全て「ノーマル」なので、切り替えのタイミングさえ掴めばやりやすくなる。手順が曖昧にならないように、まずはそれぞれの小節のパラディドルパターンをしっかりと確認していこう。

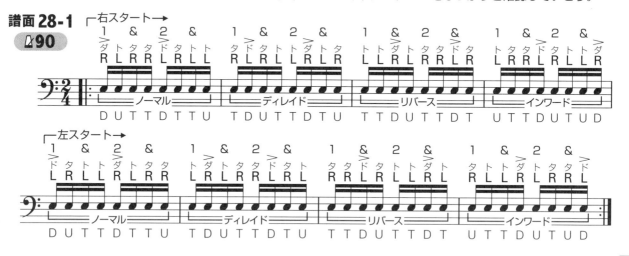

ステップ 1

パラディドルは、スタートする位置が変わると名称が変わる。通常のパラディドルは「ノーマル」。ダブルストロークが拍をまたいでいる「ディレイド」。ダブルストロークが前にきた「リバース」。ダブルストロークが真ん中に挟まった「インワード」となる。アクセントは移行しているが、手順の感覚は全て「ノーマル」となるので、動きを掴めればやりやすい。

練習日

ステップ 2

ステップ②ではノーマルパラディドルの手順で、アクセントの位置を変えた練習。手を上げるアップストロークの位置さえ掴めればやりやすいし、スピードも上げやすい。フィルやリズムパターンの手癖フレーズとしても重宝するパターン。

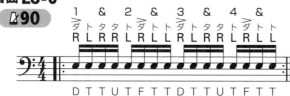
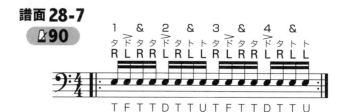

ステップ 3

ステップ③では4つのパラディドルの頭にアクセントをつけた練習。「インワード」はアップストロークをしながらのダブルストロークが鍛えられ、「リバース」はダブルストロークの「強→弱」が鍛えられ、「ディレイド」ではダブルストロークの「弱→強」が鍛えられる。「リバース」「ディレイド」のダブルストロークでのアクセントはコントロールが難しく曖昧になりやすいので、しっかり意識して練習しよう。

ステップ 4

ステップ④はノーマルパラディドルの手順のままアクセント移動をしよう。2発目アクセントは「インワード」。3発目アクセントは「リバース」。4発目アクセントは「ディレイド」と、ステップ③の応用となる。スピードよりもアクセントのメリハリをしっかりとつけたり、精度を上げることを意識しよう。

ドラムセットに応用　パラディドルをフィルに応用しよう

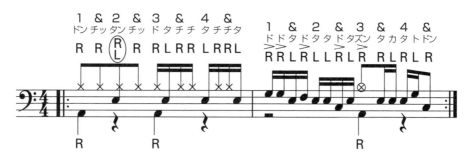

手順に慣れたら、音の強弱を使い分けられると、このパターンのかっこよさが出てくる。パターンが叩ければ完成ではなく、より良い表現を追求していこう。

第3章 ルーディメンツを鍛えるスティックコントロール

フラムを鍛えるスティックコントロール①
アクセントの動作でフラム

練習テーマ

フラムに苦手意識を感じる人は多いが、「右！左！」と手順で考えてしまうことがフラムを嫌いになる原因の1つ。アクセントの動作でフラムの練習ができると、音のイメージも持ちやすく、手順に迷うことがなくなる。そうすることによりドラムフレーズや曲に応用できるようになるのだ。ここではアクセントの動作でフラムを扱えるようにする、その練習方法を見ていこう。

上達チェックポイント

力を抜いてできましたか？	YES / NO
目標の感覚は得られましたか？	YES / NO
イメージ通りの音は出せましたか？	YES / NO
自分を客観視できましたか？	YES / NO
今日も楽しく練習できましたか？	YES / NO

目標パターン　難易度 ★★★☆☆

3連と4連を組み合わせたアクセントの定番フレーズに、フラムを加えて叩いてみよう。このパターンは手癖フレーズとしても重宝する。うまくできない場合は3連のフラム、4連のフラム、それぞれの動きを再確認しよう。1拍のまとまりは16分音符（4連）なので、3連につられて拍を見失わないように注意。

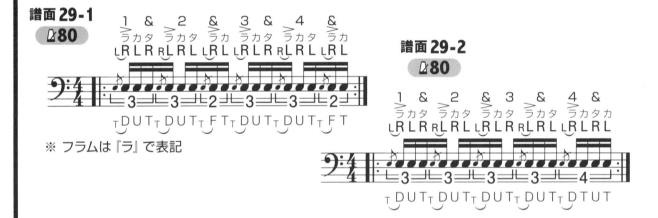

※ フラムは『ラ』で表記

ステップ 1

ステップ①では、8分音符4連のアクセントにフラムを加える。フラムが加わると手順に迷ってしまいやすくなるが、もともとのアクセントの動作をキープすることを意識しよう。フラムは「R」や「L」などの手順よりも、音のイメージと手に伝わってくる感触を意識することが大切。

練習日

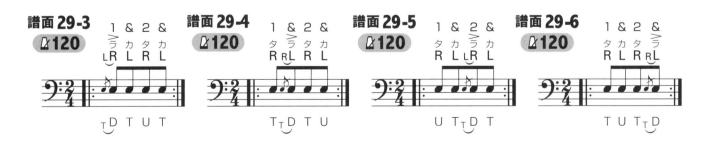

ステップ 2

16分音符のアクセント移動にフラムを加えた、フラム移動の練習。切り替わる瞬間にごちゃごちゃしてしまったり、フラムが曖昧になってしまうので、まずはしっかりと16分音符のアクセント移動をできるようにしよう。美しく繋げるコツは、スティックの高さを意識すること。アクセントはハイポジション、フラムとなる前打音はローポジションで叩くようにしよう。

ステップ 3

ステップ③では3連符のアクセント部分にフラムを加えたパターン。ルーディメンツの「フラムアクセント」というパターンとなる。こちらも1発目だけでなく、2発目、3発目と、フラムを入れる位置を変えて練習することにより、より3連系フラムを柔軟にフレーズに取り入れることができるようになる。

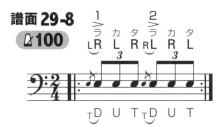

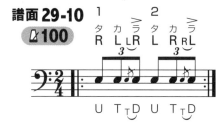

ステップ 4

ステップ④では3連符のアクセント移動にフラムを加えたパターン。切り替わるときにリズムを見失いやすいので、「たぬき」など言葉を当てはめて、拍を見失わないように意識して練習しよう。やりにくい場合はフラムを抜いて、3連符のアクセントの動作を再確認しよう。

ドラムセットに応用 — 目標パターンのアクセント部分をタムに置き換え、移動&分離の練習に応用しよう

フラムで移動の練習をすることにより、右手と左手をしっかりと分離することができる。移動すると打面に着地する順番が曖昧になってしまうので、装飾音符からの着地を心がけよう。

第3章 ルーディメンツを鍛えるスティックコントロール

フラムを鍛えるスティックコントロール②
2発アクセントの動作でフラム

練習テーマ

ここではさらにステップアップし、2発のアクセントの動作にフラムを加えていこう。ここをスマートに叩けるようになる頃には、フラムに対する苦手意識はなくなっているハズだ（むしろ好きになっているハズ）。焦らず、ゆっくりから感覚を掴んでいければ、必ずフラムを好きになれる。

上達チェックポイント

力を抜いてできましたか？	YES / NO
目標の感覚は得られましたか？	YES / NO
イメージ通りの音は出せましたか？	YES / NO
自分を客観視できましたか？	YES / NO
今日も楽しく練習できましたか？	YES / NO

目標パターン　難易度 ★★★★☆

16分音符の2発のアクセントの動作のアクセント部分にフラムを加えた練習。目標パターンでは2発アクセントフレーズを1拍ずつで切り替えて練習しよう。フラムを加える前に、まずは2発アクセントの動作をしっかりと体に入れる。フラムは手順ではなく、音のイメージと手の感触を深く感じることが攻略の鍵となる。

譜面30-1 ♩70

※ フラムは『ラ』で表記

ステップ 1

2発のアクセントの動作にフラムを加えた練習。ステップ①では「R→L」と続くアクセントの動作にフラムを加える。2発連続でフラムを叩くことになるので、前打音であるフラムの場所や、音のバランスが曖昧になってしまわないように、しっかりと意識して練習しよう。

練習日

譜面30-2 ♩120

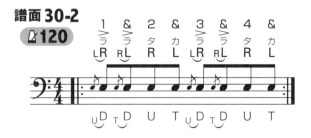

譜面30-3 ♩120

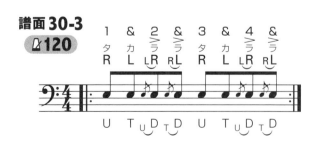

ステップ 2

ステップ②では「L→R」へと続くアクセントにフラムを足したパターン。譜面30-4はルーディメンツの「パタフラフラ」というパターンとなる。こちらもフラムの前打音と本音符の後打音がひっくり返ってしまったり、曖昧にならないように注意しよう。アップストロークとダウンストロークの組み合わせを意識することが大切。

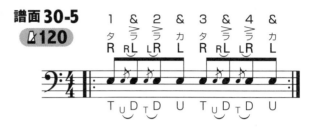

ステップ 3

ステップ③はフルストロークにフラムを足したパターン。前打音であるはずのフラムが、アクセントと同時にピッタリ入ってしまいやすいパターンであるので、音をしっかりとイメージして、手の感覚を研ぎ澄ませ、美しいフラムを叩けるようにしよう。

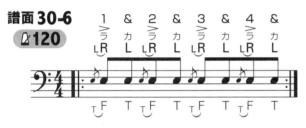
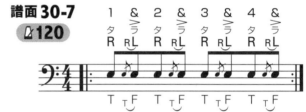

ステップ 4

ステップ④は2発のアクセント移動の動作にフラムを加えた練習。まずは2発アクセントの動作をしっかりと身体に取り込んでからフラムを加えていこう。フラムを叩く順番や手順を考えるとグチャグチャになってしまうので、「音」と「手の感触」をしっかりとイメージして、ゆっくりから取り組んでいこう。

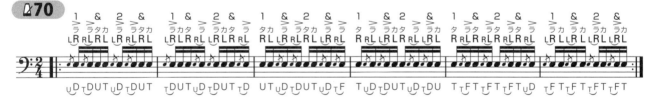

ドラムセットに応用 — 譜面30-8のパターンをフロアタムに置き換え低反発フラムトレーニングに応用しよう

譜面30-9 ♩70

手順が迷ってしまいやすかったり、フラムが曖昧になってしまいやすい練習パターンなので、よくわからなくなってしまうときは、フラムを抜いて、アクセントの動作を確認し直そう。

第3章　ルーディメンツを鍛えるスティックコントロール

フラムを鍛えるスティックコントロール③
フラムルーディメンツを鍛える

練習テーマ

ここでは比較的使用頻度の高いフラムのルーディメンツを紹介。フラムのルーディメンツを練習することにより、右手と左手が分離されて、より繊細なダイナミクスのコントロールができるようになるし、脱力にも繋がる。パターンによってはものすごくやりにくいものもあるが、フラムの恩恵を受けるために、楽しく、根気よく練習していこう。

上達チェックポイント

力を抜いてできましたか？	YES / NO
目標の感覚は得られましたか？	YES / NO
イメージ通りの音は出せましたか？	YES / NO
自分を客観視できましたか？	YES / NO
今日も楽しく練習できましたか？	YES / NO

目標パターン　難易度 ★★★★☆

目標パターンはフラム系のルーディメンツを繋げて2小節のフレーズにしよう。「フラムタップ」「パタフラフラ」「フラムパラディドル」「フラムパラディドルディドル」を繋げている。それぞれのルーディメンツがしっかりと叩けていれば問題なく演奏できる。逆に詰まってしまう場合はそれぞれのパターンの精度を上げて再チャレンジ。

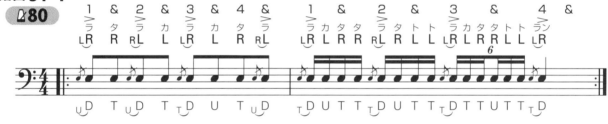

※ フラムは『ラ』で表記

ステップ 1

譜面31-2はルーディメンツの「フラムタップ」。パターンを分解すると、フラムタップは片手の3連打を組み合わせている。音を確認するために、右手と左手でそれぞれ別のものを叩くと音的にも視覚的にも分離されるので効果的。譜面31-3は「スイスアーミートリプレット」というパターン。こちらはダブルストロークをガチャンと組み合わせたパターンとなっている。フレーズに慣れたら、右手と左手の分離を意識して練習しよう。

練習日

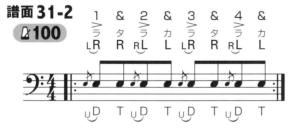

※ フラムタップ　R=♫　L=♫

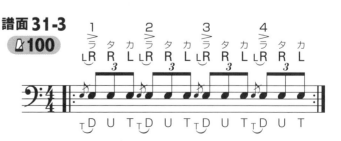

※ スイスアーミートリプレット　R=♫　L=♫

ステップ 2

ステップ②ではパラディドルにフラムを加えて練習しよう。譜面31-4は「フラムパラディドル」、譜面31-5はトリプルパラディドル（RLRLRLRR・LRLRLRLL）にフラムを加えたパターン。手順的に窮屈になって叩きにくいので、スピードを上げるよりもフラムを美しく叩くことを心がけて、精度を上げていこう。

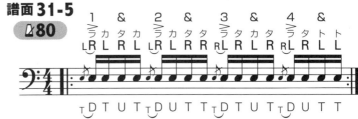

ステップ 3

ステップ③は3連系のパラディドルにフラムを加えたもの。譜面31-6はダブルパラディドル（RLRLRR/LRLRLL）、譜面31-7はパラディドルディドル（RLRRLL）にフラムを加えた「フラムパラディドルディドル」となる。パラディドル系のフラムを分解すると、片手が4連打していることがわかる。この4連打をスマートに叩くことが、フラムパラディドル系を制するコツとなる。

ステップ 4

ステップ④は手順的にやりにくいルーディメンツ。譜面31-8は「インバーテッドフラムタップ」、譜面31-9は「フラムドミル」となる。フラムは装飾音符なので、手順よりも音をイメージすることが大切。やりにくいときはフラムを抜いた手順で、ダウンやアップのフォームを確認しよう。

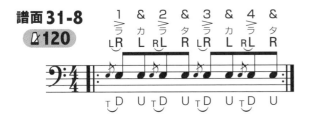

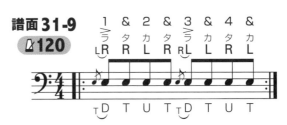

ドラムセットに応用 — フラムルーディメンツを片手だけタムに置き換え、移動＆分離の練習に応用しよう

※ フラムタップ　R=♫　L=♫　　※ スイスアーミートリプレット　R=♫　L=♫

片手それぞれの音をイメージすることが、このパターンを攻略し、両手を分離させるカギとなる。譜面31-10のパターンは右手の「タカタン」をタム回しし、左手スネアで「タンタカ」をキープしている形となっている。

第3章　ルーディメンツを鍛えるスティックコントロール

ドラッグを鍛えるスティックコントロール①
アクセントの動作でドラッグ

練習テーマ

ルーディメンツのドラッグの練習をしていこう。ドラッグは「RR」や「LL」など同じ手で2つの連続した音符を叩く。ダブルやディドルと同様であるが、ドラッグは前後の音符の倍速で演奏されるので、装飾音符として使われる。ここではアクセントの動作の中でドラッグを扱えるようにしていこう。アクセントの動きをしっかりと意識することにより、フレーズを美しくドラッグで装飾できるようになる。

上達チェックポイント

力を抜いてできましたか？	YES / NO
目標の感覚は得られましたか？	YES / NO
イメージ通りの音は出せましたか？	YES / NO
自分を客観視できましたか？	YES / NO
今日も楽しく練習できましたか？	YES / NO

目標パターン　難易度 ★★★☆☆

譜面32-1は定番のアクセントフレーズ「3・3・3・3・4」のアクセント部分をドラッグ（ダブル）にしたパターン。2発叩くことに気をとられすぎないように、アクセントの動作をしっかりと意識しよう。譜面32-2はアップダウンにドラッグを加えたフレーズ。こちらは6連符で叩くことになるので、音符の長さをしっかりと意識しよう。

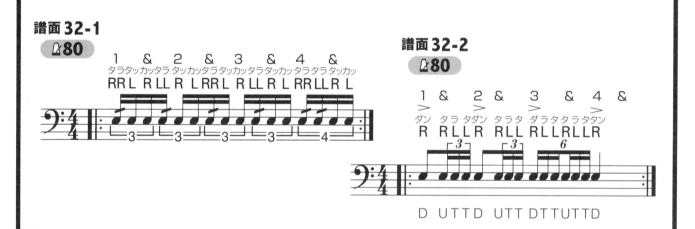

ステップ1

ステップ①では8分音符の4連にドラッグを加えて練習しよう。ドラッグにあたるダブルの部分は、打面に押し付けるように叩くのではなく、しっかりと2発目を拾って、滑らかに繋げられるようにする。リズムも曖昧になってしまわないように、しっかりと音のイメージを持って練習しよう。

練習日

ステップ 2

ステップ②では、アクセント移動の要領でドラッグを移動していこう。まずはもとのアクセント移動の動作をしっかりと身体に染み込ませてからチャレンジ。ダブルストロークが潰れてしまわないように、ゆっくりなテンポから手の中の感覚をつかんでいこう。

ステップ 3

ステップ③では、3連アクセントの動作にドラッグを加える。3連系のアクセント移動は、拍を見失いやすく力も入りやすいので、音のイメージを明確に持つことが大切。それぞれのフレーズに慣れたら、3連アクセント移動の要領でドラッグを移動させて練習しよう。

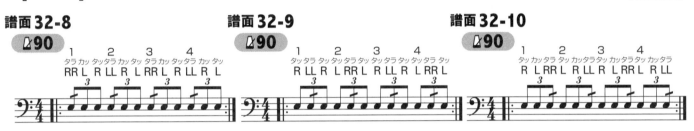

ステップ 4

ステップ④では右手アップダウン奏法の動作でドラッグを加える。これまでとは音符が異なり、6連符でドラッグを叩いたフレーズとなるので、32分音符と混合しないように気をつけよう。慣れれば8ビートや16ビートの中でドラッグのスパイスを加えられるようになるので、とても重宝する手癖となる。

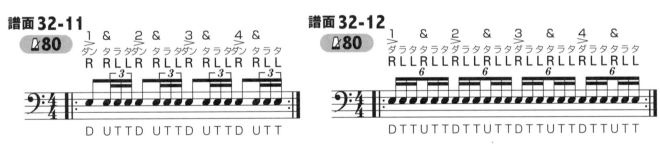

ドラムセットに応用 — 譜面32-1をハイハットワークや16ビートに応用しよう

ダブルストロークに気を取られすぎると窮屈なパターンになってしまうので、あくまで16分音符の動作をキープすることが大切。ダブルストロークはスティックを押し付けて鳴らすのではなく、しっかりとリバウンドをコントロールしよう。

第3章　ルーディメンツを鍛えるスティックコントロール

ドラッグを鍛えるスティックコントロール②
ドラッグルーディメンツを鍛える

練習テーマ

ここでは比較的使用頻度の高いドラッグルーディメンツの紹介。ドラッグに当たるダブルは前打音として入っているパターンが多いので、リズムが曖昧にならないように意識して練習しよう。習得できれば、フィルやビートなどにドラッグのゴーストノートをおしゃれに装飾することができるようになる。

上達チェックポイント

力を抜いてできましたか？	YES / NO
目標の感覚は得られましたか？	YES / NO
イメージ通りの音は出せましたか？	YES / NO
自分を客観視できましたか？	YES / NO
今日も楽しく練習できましたか？	YES / NO

目標パターン　難易度 ★★★★☆

目標パターンではドラッグルーディメンツの応用練習。譜面33-1はドラッグパラディドル応用のフレーズ。アクセントの動作をしっかりと体に入れてからドラッグを加えていこう。譜面33-2はステップ①「シングルドラッグ」を16分音符3つ割りしたパターン。どちらのパターンも手を上げながらのダブルストロークが決め手となるので、しっかり動きを確認しよう。

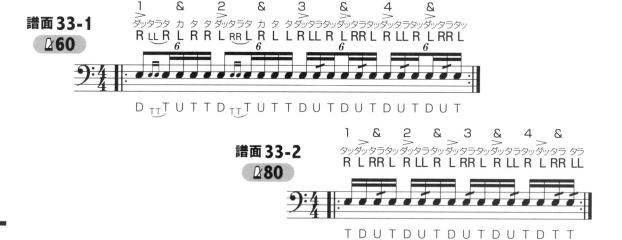

ステップ 1

ルーディメンツの「ドラッグ」の練習。譜面33-4は「シングルドラッグ」というルーディメンツ。この2パターンはドラッグにあたるダブルが前打音として入っているので、4分音符や8分音符がクリックにあたる本音符となる。リズムがひっくり返ってしまわないように、フレーズの始まりをしっかりと意識しよう。

練習日

ステップ 2

ステップ②は「ラタマキュー」というルーディメンツの練習。譜面33-5は「シングルラタマキュー」、譜面33-6は「トリプルラタマキュー」となる。こちらもステップ①同様、ドラッグが本音符にならないように、しっかりと音をイメージしよう。譜面33-6はダブルストロークから本音符に繋げる音が「タタラタタラ」と6連になってしまうので「タッタラタッタラ」と行進しているようなイメージで叩いてみよう。

ステップ 3

ステップ③はドラッグ系パラディドルの練習。譜面33-7は「ドラッグパラディドル#1」、譜面33-8は「ドラッグパラディドル#2」というルーディメンツ。こちらもドラッグのリズムが曖昧にならないように注意。リズムがうまく取れないときは、ドラッグを抜いて本音符のリズムをしっかりと掴んでいこう。

ステップ 4

譜面33-9は、パラディドルの頭の部分がダブルになった「シングルドラガディドル」。手順的に窮屈になりやすいが、もともとのパラディドルの動作をしっかり意識するとやりやすいパターン。譜面33-10は3連符にフラムの「フラムアクセント」の2発目にドラッグが足された「フラムドラッグ」。こちらも手順がややこしくなるが、もともとのフラムアクセントの動きを意識するとやりやすくなる。

ドラムセットに応用 — 譜面33-1のアクセント部分をタムやシンバルに応用しよう

ダブルストロークの音量が上がってしまうとごちゃごちゃするので、このパターンの基本となるドラッグパラディドルをしっかりと練習して、美しく滑らかなフレーズにしよう。

第3章 | ルーディメンツを鍛えるスティックコントロール

ヘルタを鍛えるスティックコントロール①
ヘルタを鍛える①

練習テーマ

「ヘルタ」という、3連系のルーディメンツ。音の響きが「バケラッタ」に似ていることから「バケラッタフレーズ」とも言われている。シングルストロークとダブルストロークが絡み合うパターンなので、リバウンドの感覚がしっかりと鍛えられ、テクニカルなフレーズが叩けるようになる。ここではヘルタのいろんな組み合わせで練習しよう。

上達チェックポイント

力を抜いてできましたか？	YES / NO
目標の感覚は得られましたか？	YES / NO
イメージ通りの音は出せましたか？	YES / NO
自分を客観視できましたか？	YES / NO
今日も楽しく練習できましたか？	YES / NO

目標パターン　難易度 ★★★☆☆

目標パターンは16分音符と3連符と3連ヘルタを組み合わせた左右対称練習。16分音符からの3連符に移り変わるときはリズムが狂いやすいので、しっかりと音をイメージしよう。左スタートのヘルタは力が入りやすいので、スティックを弾ませて脱力しよう。

ステップ1

ステップ①ではヘルタの手順を練習。3連符のフレーズなので、リズムが崩れてしまわないように意識して練習しよう。「ハラヘッタ！」と歌いながら叩いてみよう。ダブルストロークの感覚を使えると瞬発的な動作となり、スピードアップできる。譜面34-3はスタート位置を変えて練習。繰り返すと譜面34-2と同じ感覚になるのでやりやすい。

ステップ 2

ステップ②では4拍目に3連符のシングルストロークを加えて、左右対称に練習しよう。左スタートのヘルタはとてもやりにくいが、左スタートを積極的に行うことで、しっかりと左手が鍛えられる。右スタートと同じ感覚、同じスピードを目指して練習しよう。

ステップ 3

ステップ③では手順を入れ替える間隔をさらに短くする。左右対称に叩けるようにしておくと、ドラムセットでフィルに応用したときも、手順の迷いなく叩けるようになる。譜面34-6はスタート位置を変えたヘルタで左右対称に練習しよう。

ステップ 4

ステップ④は、左右対称のヘルタをアクセントの位置を変えて練習しよう。アクセントの位置を変更できるようにしておくと、より豊かな表現が可能となる。手順も難しくなり、拍を見失いやすいので、ゆっくりからチャレンジ。

ドラムセットに応用 — ヘルタをハイハットに置き換えた6/8ビートに応用しよう

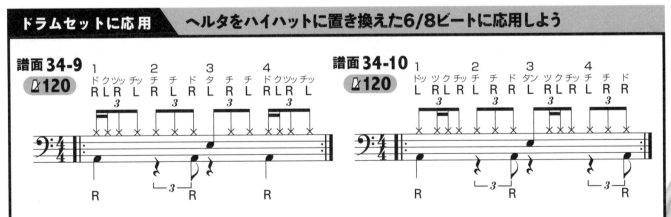

ヘルタを力で速く叩こうとすると音が汚くなってしまうので、力を抜いて滑らかに叩けるように意識しよう。ハイハットの音色も工夫できると、より豊かな表現になる。

第3章 ルーディメンツを鍛えるスティックコントロール

ヘルタを鍛えるスティックコントロール②
ヘルタを鍛える②

練習テーマ

ここでは3連のヘルタを16分音符3つ割りに応用して練習しよう。16分音符の中でヘルタを扱えると、強力な武器として、さまざまな場面で役に立つ。スティックコントロールをもう1段階レベルアップするにも最適パターンなので、しっかりと練習しよう。

上達チェックポイント
- 力を抜いてできましたか？　　　　YES / NO
- 目標の感覚は得られましたか？　　YES / NO
- イメージ通りの音は出せましたか？　YES / NO
- 自分を客観視できましたか？　　　YES / NO
- 今日も楽しく練習できましたか？　YES / NO

目標パターン　　難易度 ★★★★★

目標パターンは、ヘルタを16分音符3つ割りしたパターンと、トリプルパラディドル（RLRLRLRR/LRLRLRLL）を組み合わせた左右対称練習。しっかりとヘルタのリズムを掴むことが大切なので、まずはゆっくりから、口でカウントを取りながらチャレンジしよう。

譜面 35-1　♩=80

ステップ 1

ステップ①では、3連符のヘルタを8分音符の中で使う練習。ここでのヘルタは1拍半で叩くことになるので、譜面35-2は「3・3・2」で1小節のフレーズとして応用。譜面35-2、譜面35-3共にフィルやリズムパターンに重宝するフレーズなので、しっかり習得しよう。

譜面 35-2　♩=140

譜面 35-3　♩=140

ステップ 2

ステップ②は、ヘルタを16分音符に応用。細かい部分は32分音符を使って叩くことになるので、窮屈な音にならないように力を抜いて練習しよう。どちらとも「3・3・3・3・4」のイメージで叩けるとやりやすいが、拍を見失わないように1拍ずつの、32分音符としての音型もしっかりと理解して取り組むことが大切。

ステップ 3

ステップ③は、ヘルタの左右対称練習。左スタートはやりにくく手順も狂ってしまいやすいので、曖昧にならないように注意しよう。ダブルストロークの感覚や、手を振り上げるタイミングなど、基本の動作を見直すことが滑らかに演奏することに繋がる。

ステップ 4

ステップ④は同じく左右対称パターンであるが、手順の難易度が上がり、ステップ③よりもやりにくい手順となっている。スピードを上げることに気を取られると手順が狂っていることに気付かず叩いてしまうので、ゆっくりから確実に感覚をつかんでいくことが一番の近道となる。

ドラムセットに応用 ヘルタの16分音符3つ割りをフィルに応用しよう

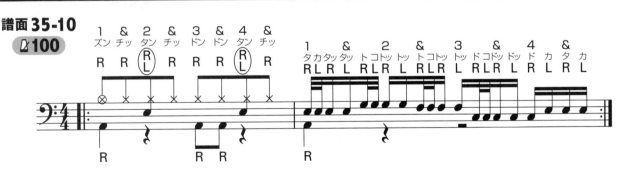

1拍の音型を理解し、的確なリズムで演奏することがこのパターンをかっこよく聴かせるコツなので、曖昧にならないようしっかりと練習しよう。右手のダブルストロークを意識できると滑らかにスピードアップできる。

第3章 ルーディメンツを鍛えるスティックコントロール

バズロールを鍛えるスティックコントロール
バズロールを鍛える

練習テーマ

バズロールは授賞式などで馴染みのある、スティックの先端を打面に押し当て、細かく弾ませ、音を繋げたロール。バズロールも16分音符や6連符などの音符の中で手を動かして扱えるようにできると、フレーズの中で扱いやすくなる。ここではバズロールのリズム練習をしていこう。

上達チェックポイント

力を抜いてできましたか？	YES / NO
目標の感覚は得られましたか？	YES / NO
イメージ通りの音は出せましたか？	YES / NO
自分を客観視できましたか？	YES / NO
今日も楽しく練習できましたか？	YES / NO

目標パターン　難易度 ★★★★☆

目標パターンでは、音符を並べ替えて、その中でバズロールを加えていけるようにしよう。力で押し付けると音は短くなってしまい、雑なロールになってしまうので、力を抜いてスティックを転がせられるようにしよう。うまくいかない場合は元の音符をしっかりと叩くところからやり直そう。

譜面36-1

ステップ1

ステップ①では8分音符の1発ずつ打面に押し当て、バズロールの音を出す練習をしよう。ギュッと押しつぶしてしまうと音が短くなるので、できるだけ長く「ザーッ」という音を続けられるようにしよう。ハイポジションから落とすイメージではなく、スティックを平行にして、ローポジションから落とすと弾ませやすい。

練習日

譜面36-2

譜面36-3

譜面36-4

譜面36-5

ステップ2

ステップ②では16分音符の動作のままバズロールにし、音を繋げる練習。「ザーッ」と音は繋がっても、手の「タカタカ」の動作は崩さないようにする。譜面36-7は1拍ずつシングルとバズを入れ替える。バズロールをすることに気をとられすぎると、タカタカの音が汚くなってしまうので、滑らかに切り替えられるようにしよう。

譜面 36-6

譜面 36-7

ステップ3

ステップ③では、「タンタカ」や「タカタン」を使い、16分音符2発だけバズロールする。行進しているような印象を与えられるこのフレーズは、フィルやリズムパターンでもよく耳にする。短いので押し付けてしまうが、転がすように弾ませることが美しく叩く秘訣となる。

譜面 36-8

譜面 36-9

ステップ4

ステップ④では6連符の中でバズロールを扱えるようにしよう。16分音符と6連符は同じ「ザーッ」という音だが、どういうフィーリングでロールするかで、表現は大きく変わる。しっかりと6連符のリズムを体に入れてから、バズを加えていこう。いろいろな音符で扱えると、あらゆる場面で対応しやすくなる。

譜面 36-10

譜面 36-11

ドラムセットに応用 ─ バスドラムとフットハイハットで8分音符をキープしながら目標パターンを練習しよう

譜面 36-12
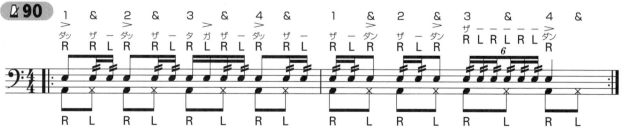

足でリズムキープしながらバズロールができるようになると、ドラムソロをするときにも重宝する。足に気を取られて、手がぐちゃぐちゃにならないように意識して練習しよう。

column

緊張の正体と克服法

大切な場面になるといつも緊張してうまくいかない。「自分はなんてメンタルが弱いんだ……」と自分にがっかりしてしまう人も少なくないと思います。
緊張し過ぎている状態では良いパフォーマンスはできませんが、最高のパフォーマンスを発揮するためには、適度な緊張は必要不可欠です。
なぜなら適度な緊張をすることにより、集中力が高まり、判断力や身体能力が高まるからです。

緊張の主な原因

緊張したとき、脳内では「ノルアドレナリン」が分泌されています。
ノルアドレナリンは追い詰められた状況で、一瞬で正しい判断を行うために放出される、危険回避のための物質です。
ノルアドレナリンが分泌されると、脳が研ぎ澄まされて、集中力、判断力、身体能力が高まり『目の前の敵と闘うべきか、それとも逃げるべきか』を一瞬で判断して、行動に移すのです。
それと同時に、記憶力も高まり、学習能力も高まります。
危機に瀕したとき、どういう場所で、どんなシチュエーションなのかを記憶しておくためです。
ノルアドレナリンを出すか出さないかを判断している『扁桃体』という脳の部位は、命の危険があるのか、ないのかを一瞬で判断します。
「人前で演奏するとき、大失敗をしでかして、大変な目にあうんじゃないか」
そんなときに『扁桃体』が『危険』と判断すれば警告を送り、ノルアドレナリンが分泌されて緊張します。

逆に言うと、『生命の危険がない』『成功率が高い』『失敗しないだろう』と扁桃体が判断すれば、緊張は生じないことになります。

大事な場面でリラックスするために、事前準備の質を上げていく

緊張を和らげる方法は「ここまでやったから大丈夫！」と確信が持てるほどに徹底的に準備をすることです。

例えば「演奏中にスティックを落としたらどうしよう……」と考えると、力が入ってうまく叩けられなくなるので、「スティックを落としたときはこう対処しよう」と代わりのスティックを用意しておいたり、片手でリズムパターンを叩けるようにしておくことも、「準備の質」です。
「スティックを落としてはいけない！」という恐怖から解放されるので、スティックを握る手の力も抜けて、リラックスして演奏できます。

徹底的な準備を繰り返すことで、1つの事柄に対して、何をどのくらい準備したら良いかがわかるようになります。つまり「準備の質」が鍛えられていくのです。

また、とことん準備ができたのなら、「失敗しても大したことにならない」と気楽に構えることが大切です。
もし失敗したのなら、次に失敗しないように、さらに準備の質を上げていけば良いのですから。
適度な緊張を味方にして、最高のパフォーマンスをしていきましょう！

ドラム・
スティック
コントロール

第4章 | # スピードアップのための
スティックコントロール

第4章 スピードアップのためのスティックコントロール

スピードを鍛えるスティックコントロール①
ストーンキラー

練習テーマ

スピードを鍛える練習として、とにかくひたすら片手連打する「ストーンキラー」という練習方法がある。「8ビートのスピードが上がらない」とか「シングルストロークのスピードが上がらない」などといった、片手連打の速さを鍛えるのに最適な練習と言える。ここではストーンキラーの効果的な練習方法を紹介する。

上達チェックポイント

力を抜いてできましたか？	YES / NO
目標の感覚は得られましたか？	YES / NO
イメージ通りの音は出せましたか？	YES / NO
自分を客観視できましたか？	YES / NO
今日も楽しく練習できましたか？	YES / NO

目標パターン　難易度 ★★★☆☆

16分音符の頭にアクセントを加えた連打を、両手と片手で切り替えて練習。1小節ごとに右手と左手が入れ替わるので、左手を強化にも効く練習パターン。左のアクセントコントロールは難しいので、力でアクセントしないように、鏡を使って利き手（うまくいっている方）を見ながら、滑らかな動きを意識して練習しよう。

ステップ1

ステップ①では、3発ずつ叩く「トリプルストロークロール」と、4発ずつ叩く「クアドラプルストロークロール」。そして8発ずつなど、短く切り替えて、弾ませる感覚を掴もう。多くの場合は、利き手の方が指や手首の感覚を掴みやすいので、鏡を見ながら、利き手の感覚に近づけられるように動作の確認をして練習しよう。

練習日

ステップ 2

ステップ②では、4拍（16発）ずつ弾ませて練習。練習するときは目標のテンポを決めて、少しずつテンポを上げていき（+1ずつが望ましい）、手の中の細かい変化を見逃さないようにする。疲れてきたり、力が入っていると感じたときは無理せずに休憩し、ストレッチをしよう。スピードを上げようとすると、親指と人差し指に力が入ってしまいがちなので、スティックは極力ふわっと持った方が脱力してスピードを上げやすい。

譜面 37-5

ステップ 3

ステップ③では、片手連打に1拍ずつアクセントを加えて練習。アクセントを加える動作は、ダウン、アップ、タップなどの基本ストローク。手と腕を連動させて叩くことで、滑らかにアクセントを加えることができる。力で叩こうとすると、スピードアップもできないし美しいダイナミクスも出ないので、体の動きを工夫しながら感覚を研ぎ澄ませていこう。

譜面 37-6　　　　　　　　　譜面 37-7

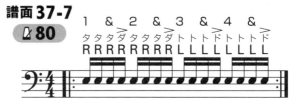

ステップ 4

ステップ④では、片手連打の2発目や3発目など、16分音符の真ん中の音符をアクセントしたパターン。繰り返すとどれも同じ感覚になるので、慣れればやりやすくなる。しかし音の始まりを見失いやすく、リズムがひっくり返ってしまうので、しっかりと音をイメージしよう。特に2発目アクセントは始めにくいので、滑らかにスタートできるように練習しよう。

譜面 37-8

譜面 37-9

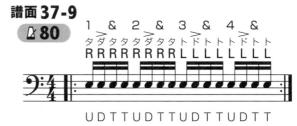

ドラムセットに応用　ストーンキラーを各パーツに置き換え、移動&リバウンド練習に応用しよう

タムやフロアタムなどは弾ませにくいので、指のみならず、手首や、前腕の回転の動作が使えると、低反発のところでもしっかりと音が鳴らせるようになる。

第4章　スピードアップのためのスティックコントロール

スピードを鍛えるスティックコントロール②
ダブルストップ

練習テーマ

両手を同時に弾ませる「ダブルストップ」という練習がある。同時に美しく弾ませることができれば、美しいシングルストロークを叩くことができる。ストーンキラーで片手を弾ませる感覚を掴んだら、両手で同時に叩き、片手のときと同じ感覚で弾ませてみよう。ここではダブルストップのさまざまな練習方法を紹介する。

上達チェックポイント

力を抜いてできましたか？	YES / NO
目標の感覚は得られましたか？	YES / NO
イメージ通りの音は出せましたか？	YES / NO
自分を客観視できましたか？	YES / NO
今日も楽しく練習できましたか？	YES / NO

目標パターン　難易度 ★★★☆☆

速いシングルストロークのコツは「弾ませているものを組み合わせる」という感覚を掴むこと。同時と交互を左右対称に繰り返すパターンで、組み合わせの感覚を掴んでいこう。この目標パターンでは1拍ずつ切り替わっているが、やりにくい場合は、4拍ずつなどやりやすいタイミングで切り替えて練習しよう。

譜面38-1　♩80

ステップ1

ステップ①では、4分音符や8分音符で、ゆっくりから同時に弾ませてみよう。スティックの高さや軌道などを意識して、右手と左手はできるだけ同じ動作、同じ感覚を意識しよう。スネアは叩くと打面が波打ち、両手打ちの感覚が掴みにくいので、ラバー製の練習パッドで練習すると弾ませやすく感覚が掴みやすくなる。

練習日

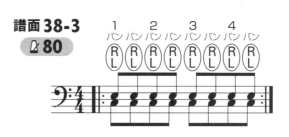

ステップ 2

ステップ②では、さらにスピードを上げて練習しよう。やみくもにスピードを上げて練習するのではなく、3連符や16分音符など、1拍のまとまりをしっかりと意識して練習ができると、スピードも上げやすいし応用もしやすくなる。音数を多くするとバラバラになりやすいので、「ピタッ」と揃ったときの、手の中の感覚を研ぎ澄まし練習しよう。

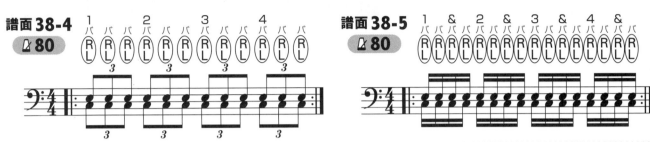

ステップ 3

ステップ③では、同時と片手の往復練習。同時に叩いたときと片手で叩いたときが、同じ感覚になるように練習しよう。片手から同時に戻ったときに、フラムのように「パラッ」とズレやすいので、スティックの高さを意識しながらピッタリ叩けるようにしよう。鏡を使い、自分のフォームを客観視して、うまくいっている方の手（利き手）を参考にしながら精度を上げていこう。

ステップ 4

ステップ④では、同時に弾ませている4連に、アクセントを加える練習。ただ弾ませるだけでなく、4つのストロークを両手で使うことになるので、バラバラになりやすく難易度は上がる。右手と左手の音量差も出ないように、スティックの高さに注意しながら、滑らかな演奏ができるようにしよう。

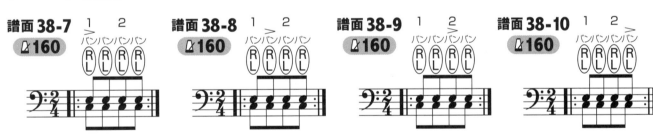

ドラムセットに応用 ─ 「ストーンキラー」「ダブルストップ」で掴んだ感覚をブラストビートに応用しよう

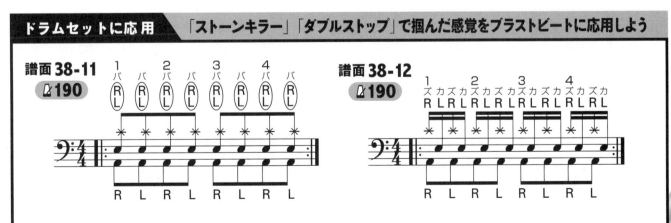

メタルやハードコアで使用されるブラストビートは、右手と左手を分離させてシングルストロークのスピードを上げるのにも最適な基礎練習とも言える。いきなり爆速を目指すのではなく、遅めのテンポから練習しよう。

第4章 スピードアップのためのスティックコントロール

スピードを鍛えるスティックコントロール③
短いシングルストローク①

練習テーマ

短くて細かい瞬発的なパターンはあらゆる場面で応用が効かせやすいパターンであるが、リバウンドをうまくコントロールできないと力も入ってしまいやすいし、音も汚くなってしまう。ここではそんな細かさを鍛えられる、ルーディメンツの中でも短いシングルストロークパターンの紹介。

上達チェックポイント

力を抜いてできましたか？	YES / NO
目標の感覚は得られましたか？	YES / NO
イメージ通りの音は出せましたか？	YES / NO
自分を客観視できましたか？	YES / NO
今日も楽しく練習できましたか？	YES / NO

目標パターン　難易度 ★★★★☆

目標パターンは、シングルストローク3とシングルストローク4の組み合わせ練習。力でスピードを上げようとしても絶対に速くならないので、両手のリバウンドを歯車のように組み合わせる意識でチャレンジ。譜面39-2のパターンはせわしなく左右が入れ替わるので、ゆっくりから手順とフォームを確認しよう。

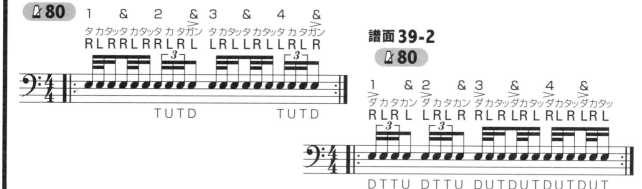

ステップ 1

ステップ①は「シングルストローク3」というルーディメンツ。瞬発的に「タカタン」と3発叩くために、ダブルストロークの感覚を意識しよう。動きを分解すると、ダブルストロークに反対の手が1発挟まっている格好になっているので、上から順番に「タタン」と振り下ろす動作で叩くとやりやすくなる。

練習日

ステップ 2

ステップ②は、ルーディメンツの「シングルストローク4」の練習。瞬発的に4発叩くこのパターンは、ダブルストロークを「がちゃん」と組み合わせたパターンとなる。まずは両手でダブルストロークを叩き、そのタイミングをずらして「タカタカン！」と合わせてみよう。組み合わせの感覚を掴むときは、綺麗に4発叩くことより、弾む感覚を意識した方が掴みやすい。

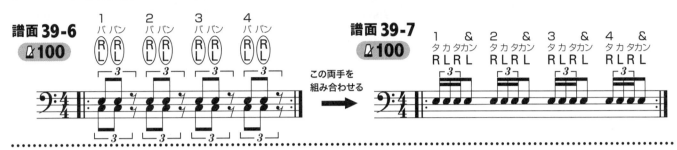

ステップ 3

ステップ③では、左スタートや、左右対称でシングルストローク4を練習。慣れないうちはとてもやりにくいが、右スタートで練習しているときと同じ速度を目指していこう。コツはスタートの位置。両手を振り上げた状態で、右スタートのときは、右手が下で右手から着地する。左スタートのときは、左手が下で左手から着地すると滑らかに叩きやすくなる。

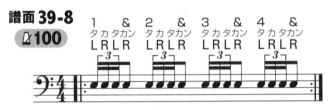
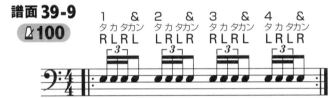

ステップ 4

ステップ④は、シングルストローク4の1発目や4発目にアクセントを加えて練習しよう。アクセントを付けてダイナミクスをコントロールできると、ちょっとした小技として便利。左右どちらの手でもスタートできるようにしておくと、左手強化に繋がるし、あらゆる場面で重宝する。

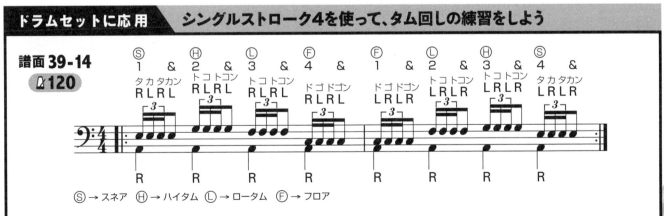

シングルストローク4はダブルストロークを組み合わせた感覚となるので、4発目もしっかりと弾ませられるように意識しよう。左回りはやりにくいが、タム回しを鍛える良い練習となる。

第4章 スピードアップのためのスティックコントロール

スピードを鍛えるスティックコントロール④
短いシングルストローク②

練習テーマ

1拍で終わるような短いロールを「ショートロール」という。ショートロールは左手を強化するにも、シングルストロークをスピードアップするのにも効果的。短いフレーズを叩くことでリバウンドを拾うコツが掴めたり、成長のヒントを得られるきっかけともなる。ここではいろいろなショートロールのバリエーションを見ていこう。

上達チェックポイント

力を抜いてできましたか？	YES / NO
目標の感覚は得られましたか？	YES / NO
イメージ通りの音は出せましたか？	YES / NO
自分を客観視できましたか？	YES / NO
今日も楽しく練習できましたか？	YES / NO

目標パターン　難易度 ★★★★☆

目標パターンは、5発の「シングルストローク5」と、7発の「シングルストローク7」の応用。譜面40-1はシングルストローク7を使い、1拍半フレーズを6連符で叩く。譜面40-2はシングルストローク5を32分音符に応用したパターン。拍を見失わないように、しっかりと数えながらチャレンジしよう。

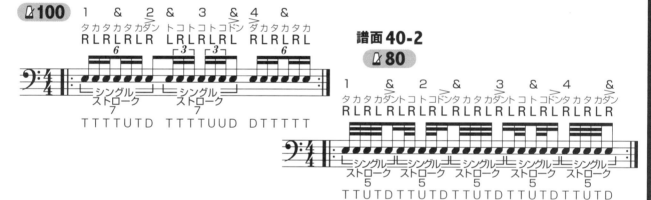

ステップ1

ステップ①では、瞬発的に5発叩く「シングルストローク5」の練習。こちらは片手3連打（トリプル）と片手2連打（ダブル）の感覚を組み合わせるように練習しよう。しっかりと分離するために、右手と左手で別々のものを叩いて、音も視覚的にも分離すると掴みやすくなる。

練習日

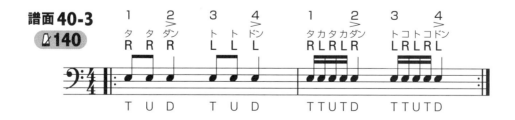

ステップ 2

ステップ②は、7発シングルストロークを叩いた「シングルストローク7」。予備動作である片手4連打と片手3連打の感覚を組み合わせるように練習しよう。小さな音から大きな音へクレッシェンドさせるとカッコ良い。4つの基本ストロークを意識して、瞬発的に叩けるように練習しよう。

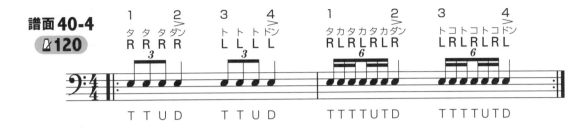

ステップ 3

ステップ③では、シングルストローク5を6連符で叩いたパターン。予備動作は片手3連打のトリプルストロークとなる。もう片方の手が加わっても、トリプルストロークの動作の流れを崩さないように意識しよう。せわしなく切り替わるが、動きも音もしっかりとイメージして、ゆっくりから練習しよう。

ステップ 4

シングルストローク7のタイミングを変えて、32分音符でシングルストローク7を練習しよう。予備動作は片手4連打のクアドラプルストロークとなる。切り替えのタイミングが窮屈になりやすく難しいが、シングルストロークのスピードアップや精度を上げるのに最適なパターンと言える。

ドラムセットに応用　ショートロールをリズムパターンに応用しよう

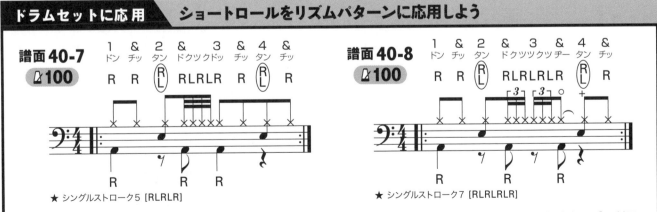

ハイハットで手の細かさを出そうとすると、バスドラムが疎かになってしまうことがあるので、あくまでバスドラムとスネアのリズムの基盤はしっかりと持っておくことを意識しよう。

第4章 スピードアップのためのスティックコントロール

右手と左手の分離①
アップダウンと左手の分離

練習テーマ

リズムに抑揚を出すためにもスピードアップするためにも必要不可欠の「アップダウン奏法」。パターンによっては右手がつられてしまい、アップダウンの動作がなくなってしまうので、ここではアップダウンと左手の分離の練習をしよう。

上達チェックポイント

力を抜いてできましたか？	YES / NO
目標の感覚は得られましたか？	YES / NO
イメージ通りの音は出せましたか？	YES / NO
自分を客観視できましたか？	YES / NO
今日も楽しく練習できましたか？	YES / NO

目標パターン　難易度 ★★★☆☆

目標パターンでは32分音符フレーズの練習。どちらのパターンも、この中は「タカタカ」「タンタカ」「タカタン」「タンタン」の組み合わせとなり、右手はずっとアップダウンで16分音符を叩いている形となる。やりにくいときは、それぞれの音符から動作を確認し直して、スマートに叩けるようにしよう。

ステップ 1

ステップ①では、右手のアップダウン奏法に左手を足して16分音符にしていく練習。左手が入っても、右手のアップダウンがなくなってしまわないように注意する。アップダウンがキープできているか、自分の感覚だけでは気付きにくいので、鏡を使って動きが変わっていないかチェックしよう。

練習日

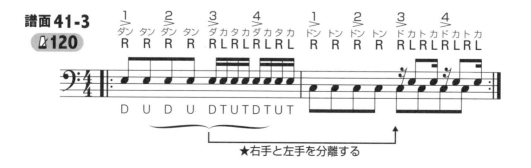

★右手と左手を分離する

ステップ2

ステップ②は、8分音符のアップダウンに左手を加えた「タンタカ」の練習。左手は16分音符の4発目だけを狙っている形となる。拍の頭の、ダウンストロークをしたタイミングで左手を上げられると、左手は余裕を持って叩くことができるので、分離される。

★右手と左手を分離する

ステップ3

ステップ③は、右手のアップダウンをキープしながら左手を加えて「タカタン」にする。両手とも、手を上げた状態での「ハイポジション」で待機できると、スマートに叩きやすくなる。アップダウンがダブルストロークのような感覚になってしまうと16分音符ではなくなってしまうので、リズムもしっかりと意識しよう。

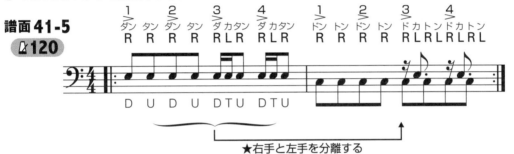

★右手と左手を分離する

ステップ4

ステップ④は、これまでの音符を入れ替えて練習。音符は変化しても右手のアップダウンをしっかりキープすることが大切。左手を入れたり抜いたりして、右手のアップダウンがしっかりと継続できているか確認しながら練習しよう。ここでも鏡を使い、手腕の感覚と動きを確認しながら、しっかりと分離していこう。

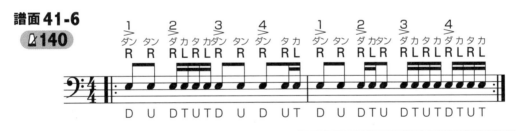

ドラムセットに応用
アップダウンの練習。譜面41-7はダウン→アップ、譜面41-8はアップ→ダウンとなる

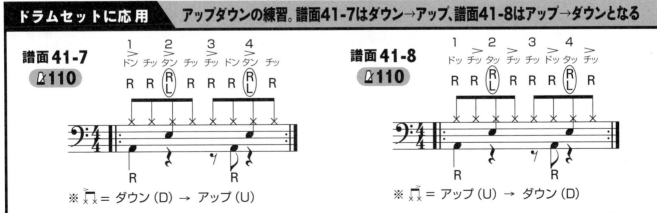

ウラにダウンがくるアップダウン逆の8ビートは、慣れないうちはバスドラムもスネアもめちゃくちゃつられてしまう。しかし慣れてしまえば「ダウン→アップ」でも「アップ→ダウン」でも難易度の大差はなくなる。表現の幅も広がるので、根気よく練習しよう。

第4章　スピードアップのためのスティックコントロール

右手と左手の分離②
片手4分音符と片手チェンジアップ

練習テーマ

ここでは片手で4分音符をキープしながら、もう片方の手で4分、8分、3連符、16分とチェンジアップして、わかりやすい形で右手と左手を分離する。両手分離の感覚はフィルやリズムパターンを演奏する上でも重要な感覚となるので、しっかりと身につけていこう。

上達チェックポイント

力を抜いてできましたか？	YES / NO
目標の感覚は得られましたか？	YES / NO
イメージ通りの音は出せましたか？	YES / NO
自分を客観視できましたか？	YES / NO
今日も楽しく練習できましたか？	YES / NO

目標パターン　難易度 ★★★☆☆

目標パターンは片手で4分音符をキープした状態で、もう片方の手を4分、8分、3連符、16分とチェンジアップする。音符が増えても4分をキープしている手は、つられないように大きく動かすことを意識する。ゆっくりなテンポで、分離の感覚を掴んでいこう。

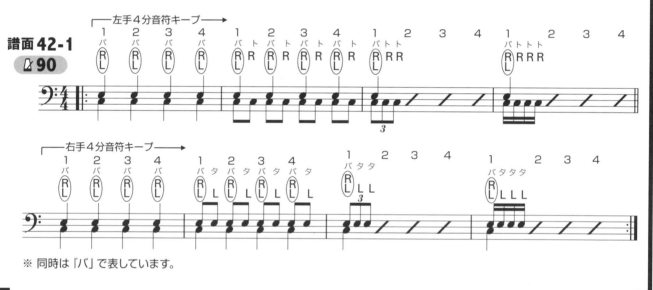

※ 同時は『バ』で表しています。

ステップ1

まずは片手ずつ弾ませて、それぞれの音符を叩く。16分音符は速くなるので、無理のないテンポで取り組んでいこう。慣れたら4分、8分、3連符、16分と切り替えて練習をしたり、4分、3連符、8分、16分など、ランダムに練習できると効果的。

練習日

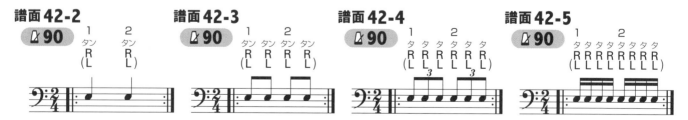

ステップ 2

ステップ②は、右手と左手でそれぞれ別の音符を叩く。片手4分、片手8分の練習をしよう。4分音符を叩く手が、8分音符につられて窮屈になってしまいやすいので、4分を叩く手は大きく動かすことを意識する。右手と左手で叩く場合を変えて音を変えたり、目線を片手だけに向けたり、分離しやすいように工夫して練習しよう。

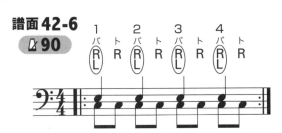

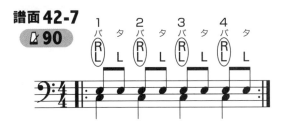

ステップ 3

ステップ③では、3連符と4分音符で分離しよう。片手の4分音符につられて3連符のリズムが狂いやすいので、音のイメージをしっかり持つ。力でリズムをコントロールするのではなく、リバウンドをコントロールして脱力することを意識しよう。

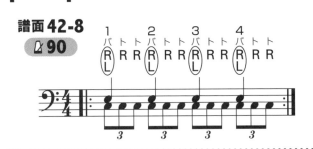

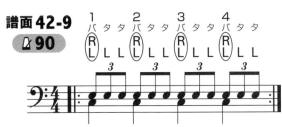

ステップ 4

ステップ④では、16分音符と4分音符で分離していこう。左手の16分音符は特にやりにくく力も入ってしまうが、左手強化に最適なパターンとも言える。こちらも力が入ってしまいやすいが、指や手首、前腕の回転の動きでしっかりとリバウンドを拾って、ゆったりと叩けるようにしよう。

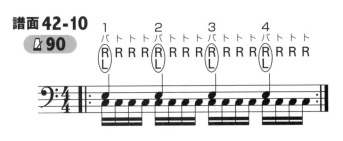

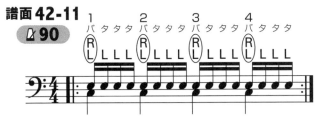

ドラムセットに応用 ― 片手4分、片手8分をブラストビートに応用しよう

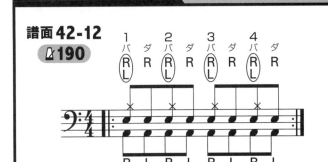

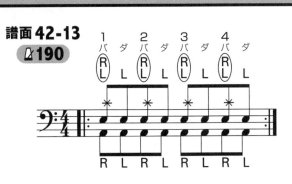

左手でスネアを連打するブラストビートは、力が入りやすいので、リバウンドをしっかりと感じて分離を意識しよう。いきなりスピードを上げようとせずに、遅いテンポから感覚を掴んでいこう。

第4章 スピードアップのためのスティックコントロール

右手と左手の分離③
片手8分音符と片手チェンジアップ

練習テーマ

ここでは少し難易度を上げた右手と左手の分離の練習。片手の8分音符をキープした状態で、もう片方の手で4分、8分、3連符、16分音符とリズムを変化させていく。組み合わせによってはやりにくいパターンもあるが、右手と左手それぞれ別の音符を演奏できると表現の幅も広がる。

上達チェックポイント

力を抜いてできましたか？	YES / NO
目標の感覚は得られましたか？	YES / NO
イメージ通りの音は出せましたか？	YES / NO
自分を客観視できましたか？	YES / NO
今日も楽しく練習できましたか？	YES / NO

目標パターン　難易度 ★★★★☆

目標パターンは片手8分音符をキープした状態で、もう片方の手をチェンジアップする練習。手順が迷いやすいので、やりにくいときはそれぞれの組み合わせをしっかり確認しよう。特に3連符や16分音符との組み合わせは力も入りやすいので、リバウンドを意識し、両手が別々に動く分離の感覚を掴もう。

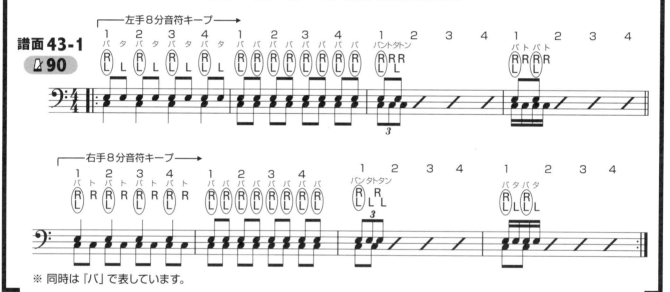

※ 同時は『バ』で表しています。

ステップ 1

ステップ①では、片手8分音符と4分音符の組み合わせ練習。2拍ごとに手順を入れ替えて叩いてみよう。いきなり両手を動かすのではなく、まずは片手ずつの動作や手順を確認しよう。切り替わるタイミングだけ気を付ければ、やりやすいパターン。

練習日

ステップ 2

ステップ②は、片手8分音符と16分音符を分離しよう。8分音符につられて16分音符は力が入ってしまいやすく、特に左手はやりにくいが、その分左手強化には最適。やりにくい場合は片手だけで叩いて、弾ませている感覚を取り戻そう。

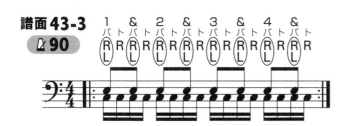

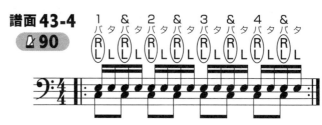

ステップ 3

ステップ③は片手8分音符と3連符の分離。この2つの組み合わせは拍の頭しか両手が重なるところがないので、迷ってしまいやすい。初めから別々に動かそうと思うより、8分音符と3連符が混ざった全体の音をイメージした方がやりやすい。フィルにもリズムパターンにも幅広く応用されているパターン。

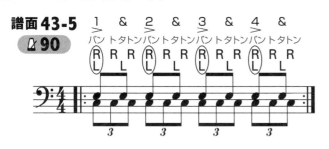

ステップ 4

ステップ④は片手16分音符と3連符を分離する。ステップ③の8分音符と3連符よりも難易度は上がる。音は非常に複雑に感じて迷いやすいが、3連符を4つで割った4拍3連の速いバージョンだと思えば理解しやすい。音をしっかりとイメージしていないと叩けないので、やりにくい場合は超ゆっくりからトライしてみよう。

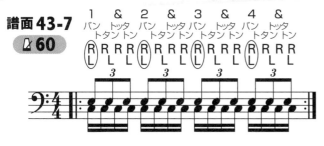

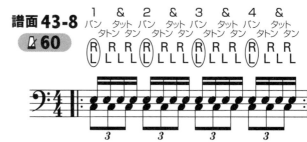

ドラムセットに応用　片手8分、片手3連符をフィルに応用しよう

まずは8分音符と3連符が合わさった音符の音型を理解するとやりやすくなるので、口でリズムを歌いながら練習しよう。

※「ドラムセットに応用」の模範演奏には1小節のリズムパターンを足しています。

第4章 スピードアップのためのスティックコントロール

右手と左手の分離④
16分音符と左手の分離

練習テーマ

「タカタカ」などを叩くとき、左手がうまく動かない！という悩みは結構多い。原因としては右手の動きに左手がつられてしまい、力が入ってしまうこともある。ここでは左手のリバウンドの感覚を得るための練習をしよう。右手と左手がしっかりと分離できれば滑らかなスピードアップが可能となる。

上達チェックポイント

力を抜いてできましたか？	YES / NO
目標の感覚は得られましたか？	YES / NO
イメージ通りの音は出せましたか？	YES / NO
自分を客観視できましたか？	YES / NO
今日も楽しく練習できましたか？	YES / NO

目標パターン　難易度 ★★★★☆

目標パターンは「タカタカ」から音を抜いた「ウカンカ」や「ウカタカ」を使った左右対称の練習。音を抜いても残った16分音符のウラはしっかり弾ませてキープする。右手の「ウカンカ」は表裏がひっくり返りやすいので、拍を見失わないように注意が必要。

譜面44-1 ♩100

ステップ1

ステップ①では、16分音符から右手を1発抜いた音符で、右手と左手を分離する。左手は変わらずリバウンドし続けることになるので、まずは基本の音符と音型をしっかりとイメージしよう。パターンをこなすよりも、分離を意識することが大切。

練習日

114

ステップ 2

ステップ②では、さらに右手の音符を減らしていく。手順も少し複雑になり力が入ってしまいやすいので、しっかり左手のリバウンドを意識しよう。鏡を使って、右手を抜いても左手が弾んでいることを確認しながら練習できると感覚を掴みやすい。

ステップ 3

さらに右手の音符を減らしていく。右手と左手でそれぞれ別の場所を叩くと、感覚的にも分離しやすくなる。スッと右手を抜いた瞬間に左手がオモテに感じてしまったり拍を見失いやすいので、音のイメージをしっかりと持つことも忘れないようにしよう。

ステップ 4

さらに右手を減らしていく。このパターンは1小節の中で右手は1発しか叩いていないので、拍を見失わないように注意しよう。左手がうまく動いてくれないときは、手首や指、フォームなどを模索し、うまくリバウンドを拾えるように工夫していこう。

ドラムセットに応用　細かい16分音符ウラをフィルに応用しよう

16分音符ウラ「ウタンタ」は8分音符「タンタン」と混合しやすく曖昧になりやすいので、ゆっくりからしっかり狙えるようにしよう。口でカウントを取りながら練習すると効果的。

※「ドラムセットに応用」の模範演奏には1小節のリズムパターンを足しています。

column

練習時間を無駄にしない、集中力を発揮する方法

スタジオをレンタルして、「さあ練習するぞ!」と意気込んでスタジオに入ったものの、15分程経つと、気がつけばスマホを見てしまっている。集中力が続かない自分にガッカリすることがあります。ここでは「やる気にならない」「集中力が続かない」というときに、集中力を発揮し、時間短縮して濃い練習をするための方法を紹介します。

目標をしっかりと定める

目標が漠然としていると、集中すべきものが見えてきません。例えば「ドラムうまくなりたい!」という漠然とした目標では、明確なゴールが設定されていないからです。
明確なゴールがあるからこそ、ルートが見えてきます。どんな道順で行くのか、電車で行くのか、自転車で行くのか、そこにたどり着くための「行き方」も見えてくるのです。

とりあえず始める

誰にでも「どうしてもやる気にならない……」というときはあります。
「やる気になったら始めよう」とやる気が出るのを待っていても、やる気が湧いてくることはありません。
そんなときは「とりあえず、今始める!」を実践してみてください。
なんとなく部屋の掃除を始めたら、だんだんと気分が乗ってきて、部屋の隅々までピカピカにした、という経験は、誰でもあるのではないかと思います。
とりあえず始めて、5分～10分続けることで、脳の「側坐核(そくざかく)」が活性化し、『作業興奮』という状態になります。側坐核は、言わば脳のやる気スイッチで、このやる気スイッチは「パチッ」と切り替わるものではなく、エンジンが温まるように、徐々にやる気モードに切り替わっていきます。
やる気にならなくても、とりあえず始めて、まずは10分続けてみましょう。

夏休みの最終日の宿題効果を利用する

夏休みの宿題を最後の1日でやりきった!という人もいるかと思います。
宿題が1日で終わるのであれば、最初の1日で全部終わらせてしまえばいいと思いますが、残念ながら実はそういうわけにはいかないようです。
人は限界状況に追い込まれたとき、脳内で「ノルアドレナリン」が分泌されます。
ノルアドレナリンが分泌されると臨戦態勢となり、集中力を高め、学習能力を高めて、実力以上の力を発揮するのです。
制限時間を決めて、追い込めれた状況を作ることで、ノルアドレナリンが分泌されます。
漠然と練習するのではなく、「○分まではリズム練習!」「○分まではアクセントの練習!」「○分までは曲の練習!」など、細かく練習のスケジュールを決めておくと、高い集中力を保ったまま、濃い練習ができます。
タイマーを使い、「制限時間内にこの感覚を掴む!」と目標を決めるのも効果的です。

ドラマーは練習場所の確保が大変。だからこそ、短い時間で効率良く練習するために、集中力を発揮させましょう。

ドラム・
スティック
コントロール

第5章 | 手足を鍛える
スティックコントロールの
応用練習

第5章 | 手足を鍛えるスティックコントロールの応用練習

手足のコンビネーション練習①
シングルストロークを応用

練習テーマ

ここでは交互に動かすシングルストロークを手足に置き換える。リズムパターンを演奏する上でも、手足を交互に動かす状況は結構多いので、さまざまな手順で練習しよう。ここでの練習は手足分離に効果的で、フレーズの引き出しを増やすことに繋がる。

上達チェックポイント

力を抜いてできましたか？	YES / NO
目標の感覚は得られましたか？	YES / NO
イメージ通りの音は出せましたか？	YES / NO
自分を客観視できましたか？	YES / NO
今日も楽しく練習できましたか？	YES / NO

基本パターン　難易度 ★★★☆☆

両手を交互に動かすシングルストローク。この形を手足で応用する。右手と左手を交互に動かすように、手足も交互に動かせるようになるとフィルやリズムパターンを演奏する上でも役に立つ。

ステップ1　手は同時で、手足を交互に叩いた練習。8分音符で慣れたら、2倍速の16分音符で練習しよう。足を上げるタイミングが遅れると、やがて足も同時になってしまうので、手を下ろすと同時に足を上げて、足を下ろすと同時に手を上げる、文字通り、しっかり交互に動いているか確認しよう。

練習日

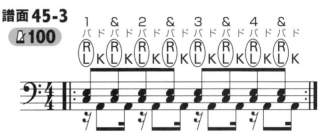

ステップ 2

ステップ②は片手と足を交互に動かす練習。同時に叩くよりもバランスが崩れやすく、手足が同時になってしまいやすい。手順、リズム共に曖昧にならないように、ゆっくりから動きを確認しよう。8ビートや2ビートなどのリズムパターンの中で、左手と足が交互に動く状況は結構多いので、しっかりと練習しよう。

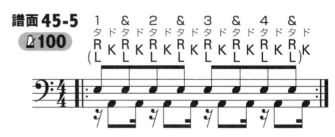

ステップ 3

ステップ③は2発ずつ右手と左手を入れ替えて、足を交互に動かす練習。スピードを上げると特に手足同時になりやすいので、16分音符1拍だけ交互に動かせるようにしたり、瞬発的に動かせるように練習しても効果的。手や足はそれぞれ弾ませて、弾んでいるもの同士を組み合わせるイメージで叩くと、手足が分離しやすくなる。

ステップ 4

ステップ④は、手足交互に叩いている右手と左手も交互に動かす。手のシングルストロークに、足が挟まっている格好になっている。とはいえ、足が間にあると思うとリズム的には窮屈になってしまうので、1拍ずつの「タドタド」の16分のノリをしっかりと感じると叩きやすくなる。

ドラムセットに応用　手足の交互をアタマ打ちビートに応用しよう

慣れないうちはバスドラムが「タンドタンド」と跳ねてしまうので、遅れてしまわないように、両手を交互に動かすように、手足を交互に動かす感覚でチャレンジしてみよう。

第5章 手足を鍛えるスティックコントロールの応用練習

手足のコンビネーション練習②
ダブルストロークを応用

練習テーマ

ひと振りで2発の音を出すダブルストローク。これを手足でもできるようにしよう。8ビートの中で速い足のダブルを使う状況も多く、特に2ビートなど速いテンポで足のダブルは必要不可欠となる。ここではいろいろな手順のダブルストロークを紹介。

上達チェックポイント

力を抜いてできましたか？	YES / NO
目標の感覚は得られましたか？	YES / NO
イメージ通りの音は出せましたか？	YES / NO
自分を客観視できましたか？	YES / NO
今日も楽しく練習できましたか？	YES / NO

基本パターン　難易度 ★★★☆☆

基本のパターンは、右手と左手それぞれ2発ずつ叩いたダブルストローク。これを手足に置き換えて練習する。手足のダブルストロークが扱えると、手足でリバウンドのコントロールがうまく扱えている証拠にもなる。

譜面46-1　♩100

ステップ1

ステップ①では、手を同時で、手足のダブルストロークの練習。ダブルストロークの2発目のタイミングで足を上げると、狭苦しいリズムになるので、手のダブルストロークの1発目で足を上げ、足を上げながら2発目を叩くやりとりにすると、16分音符の手足のダブルはスムーズに叩けるようになる。

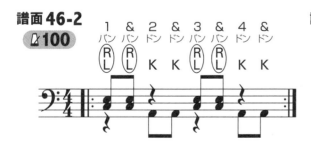

譜面46-2　♩100

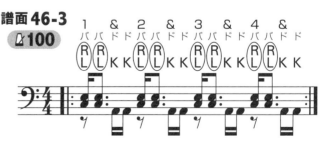

譜面46-3　♩100

ステップ 2

ステップ②は、片手と足のダブルストローク練習。左手と足のダブルストロークは、フレーズの中でも使用頻度が高いので、しっかりと練習しよう。こちらもステップ①と同じく、手足を上げるポイントをしっかりと意識できるとしなやかに叩けるようになるので、ゆっくりから動きを確認しよう。

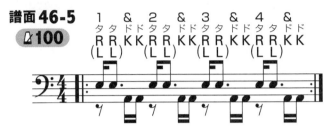

ステップ 3

ステップ③は、ダブルストロークを叩いている両手を交互に動かし、足のダブルストロークを挟む。手足がつられやすくやりにくいので、手だけのリズムをしっかりと掴んだり、音をしっかりとイメージしながら取り組んでいこう。

ステップ 4

ステップ④は、3連符、6連符で手足のダブルストロークを練習しよう。拍を見失いやすくなるので、拍ごとに区切るポイントを掴んで、音をしっかりとイメージすることが大切。3連符なら「ババド・ドババ」6連符は「ババドババ・ドドババドド」など、慣れるまでは、あからさまに区切って練習できると良い。

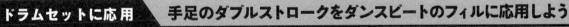

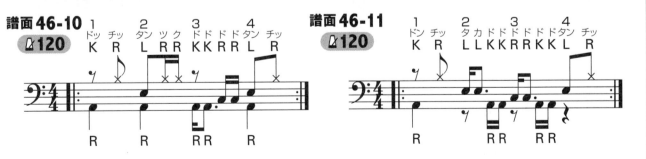

滑らかに繋げられるように、まずはダンスビートの動きを崩さないようにすることが大切。手足のダブルストロークをしっかり練習し、さりげなくダンスビートに手足のダブルを加えられるようにしよう。

※「ドラムセットに応用」の模範演奏には1小節のリズムパターンを足しています。

第5章 手足を鍛えるスティックコントロールの応用練習

手足のコンビネーション練習③
パラディドルを応用

練習テーマ

リズムパターンの中では、手足が複雑に絡み合うパターンは少なくない。そう言ったフレーズを演奏する中でスピードが上がらなかったり、力が入ってしまうこともよくある。ここではパラディドルの手順で、さまざまな手足交互のパターンを練習し、手足を分離して、滑らかに動かす基盤を作っていこう。

上達チェックポイント
力を抜いてできましたか？	YES / NO
目標の感覚は得られましたか？	YES / NO
イメージ通りの音は出せましたか？	YES / NO
自分を客観視できましたか？	YES / NO
今日も楽しく練習できましたか？	YES / NO

基本パターン　難易度 ★★★★☆

基本パターンはパラディドル。シングルストロークとダブルストロークが組み合わさったこの手順を、手足に置き換えて練習しよう。手足を1発ずつ順番に動かすイメージではなく、まとまりを持つことが滑らかに演奏するコツなので、手順が複雑になっても、基本の音符のまとまりをしっかりと意識しよう。

ステップ 1

ステップ①では、両手は同時に叩き、手足でパラディドルを叩く。どうしても窮屈になってしまう場合は、手だけのリズムや足だけのリズムを掴んで、それを組み合わせるように演奏できるとやりやすくなる。初めは思い通りに動いてくれないので、根気よく練習しよう。

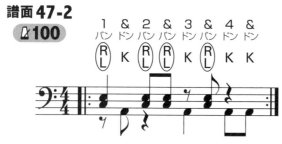

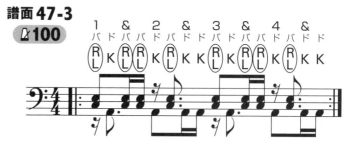

ステップ 2

ステップ②は片手と足のパラディドルの練習。特に左手と足は、8ビートのフレーズとしても使用することがあるので、滑らかに演奏できると、8ビートのクオリティーも上がっていく。このパターンは右手と足の組み合わせの方がやりにくいので、ゆっくりから分離していこう。

ステップ 3

ステップ③では、シングルとダブルごとに手を入れ替えた、手足のパラディドル練習。フレーズが複雑になるので、まずは手だけのリズムをしっかり掴んで、そこに足を絡めていけるように練習しよう。複雑なフィルを構築したり、パフォーマンスをする上でも、この練習は効果的な分離の練習となる。

ステップ 4

パラディドルのディドルの部分を交互に変えて、さらに手順が複雑になったパターン。ディドル（ダブル）を交互に叩いているので、もはやディドルではないが、あらゆる手順でできるようにしておくととても便利。ここでは全て手からのスタートとなっているが、足からスタートさせたり、手順をいろいろと工夫して練習してみよう。

ドラムセットに応用　手足のパラディドルをフィルやリズムパターンに応用しよう

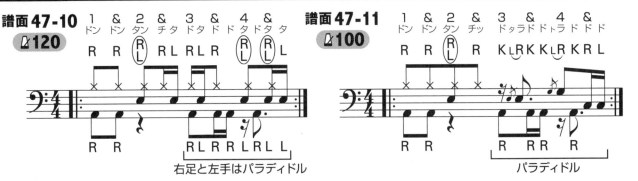

いきなり1拍目から音符をなぞっていくよりも、手足のパラディドルをしっかりと身体に取り込んでから始めた方が滑らかに演奏ができる。パターンを分析し、分解して練習しよう。

※「ドラムセットに応用」の模範演奏には1小節のリズムパターンを足しています。

第5章 手足を鍛えるスティックコントロールの応用練習

手足のコンビネーション練習④
16分音符アクセントを応用

練習テーマ

シングルストロークやダブルストロークのように、アクセントの基礎練習も、手足の練習として応用してみよう。アクセント部分をバスドラムに変えて、手足のコンビネーションフレーズを作っていく。手癖のように自由に動かせるようになるとアドリブで演奏するときにも重宝する。

上達チェックポイント

力を抜いてできましたか？	YES / NO
目標の感覚は得られましたか？	YES / NO
イメージ通りの音は出せましたか？	YES / NO
自分を客観視できましたか？	YES / NO
今日も楽しく練習できましたか？	YES / NO

基本パターン　難易度 ★★★☆☆

基本パターンはアクセント部分をバスドラムに置き換え、手足のコンビネーション練習をしてみよう。フレーズに慣れたら左スタートにしてみたり、音符を並べ替えたり、自分なりに練習フレーズを構築してみよう。

ステップ 1

ステップ①では、1発目から4発目それぞれのアクセントを、バスドラムに置き換え叩いてみよう。1発ずつ順番に叩き始めるよりも、まずは手だけの音符をしっかりと叩けるようにしよう。2発目、3発目の足はやりにくいが、足を上げるタイミングなど、動きの感覚を掴むとやりやすくなる。

ステップ 2

ステップ②では、2拍ずつバスドラムを移行する練習。こちらもまずは手だけの音符を切り変われるようにしっかり練習してから足を加えてみよう。手足のコンビネーションは音がバラバラになりやすいので、バスドラムが加わった16分音符をしっかりとイメージして、的確に演奏しよう。

ステップ 3

続いて、片手3発と足のコンビネーションフレーズの練習。手の3発はリバウンドをしっかり意識して、弾ませるように叩いて練習しよう。拍を見失うと全てが同じ音に聞こえてしまうので、1-2-3-4とカウントしながら音の始まりをしっかりと意識して練習しよう。

ステップ 4

ステップ④では、1拍ずつ切り替えて練習しよう。慣れたら左スタートでも練習する。音符を並べ替えてあらゆる手順でできるようになると、フィルを叩く上でもリズムパターンする上でもとても便利。手順が入れ替わると感覚も変わるので、いろんな組み合わせでできるようにしよう。

ドラムセットに応用　手足のコンビネーションをリニアドラミングに応用しよう

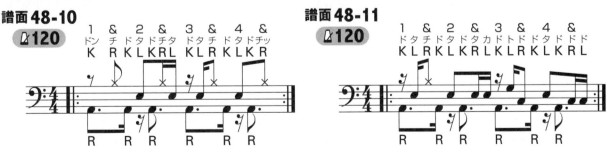

点と点を繋げるように、1打ずつ叩いた音を繋げてパターンを作る奏法を「リニアドラミング」という。叩き始める前に、まずはパターンを口で歌ってみたり、このフレーズの基礎である「KLRK/LKRL」をしっかりと身体に入れてから始めた方が近道となる。

※「ドラムセットに応用」の模範演奏には1小節のリズムパターンを足しています。

第5章 手足を鍛えるスティックコントロールの応用練習

手足のコンビネーション練習⑤
16分音符2発アクセントの応用

練習テーマ

アクセント2発の動作のアクセント部分をバスドラムに置き換えて、コンビネーションフレーズの練習をしよう。ラウド系のツーバスコンビネーションフレーズや、ゴスペル系のフレーズとしても幅広く応用されている。ここではいろんな2発の組み合わせを練習してみよう。

上達チェックポイント

力を抜いてできましたか？	YES / NO
目標の感覚は得られましたか？	YES / NO
イメージ通りの音は出せましたか？	YES / NO
自分を客観視できましたか？	YES / NO
今日も楽しく練習できましたか？	YES / NO

基本パターン　難易度 ★★★☆☆

基本パターンは2発のアクセント移動。アクセント部分をバスドラムに置き換える。バスドラムに応用するためには、リズムをしっかりと理解しておく必要があるので、ひとまずアクセント移動の動作をしっかりと体に入れよう。

譜面 49-1
♩100

ステップ 1

ステップ①では、手のR→Lの手順と、バスドラムのダブルをつなげていこう。あらゆるジャンルのフィルとしてもかなり使用頻度が高い。スピードを上げるよりも、まずは16分音符をきれいに繋げることが大切なので、曖昧にならないようにしっかりと練習していこう。

練習日

ステップ 2

ステップ②では、手のL→Rの順番で叩くアクセントを、バスドラムに置き換えて練習してみよう。リズムが取りにくいところにバスドラムが入っているので、拍を見失わないように注意しよう。迷ってしまう場合は1拍ごと区切って、音をしっかりとイメージする。

ステップ 3

ステップ③では、2発のアクセント移動練習のアクセント部分を、バスドラムに置き換えて練習してみよう。切り替えのタイミングでごちゃごちゃしてしまうので、ゆっくりから手順を確認する。シングルペダルでもツインペダル（ツーバス）でも、どちらでもできるようにしておくと便利。

ステップ 4

ステップ④では、音符の組み合わせを変えて、1小節のフレーズで練習してみよう。「6・6・4」の組み合わせは使用頻度も高いのでしっかりと身につけておきたいところ。ある程度できるようになったら、自分なりに音符を並べ替えて、練習フレーズやフィルを作っていけると、基礎練習も有意義なものとなる。

ドラムセットに応用　譜面49-2のパターンをツーバスコンビネーションフィルに応用しよう

ラウド系定番のフィルであるこのフレーズは、綺麗につながると破壊力抜群でカッコいいが、ガタガタになると途端にかっこ悪くなってしまう諸刃の剣。リズムの感覚はもちろん、音量のバランスも意識して、美しく繋げられるようにしよう。

※「ドラムセットに応用」の模範演奏には2小節のリズムパターンを足しています。

第5章　手足を鍛えるスティックコントロールの応用練習

手足のコンビネーション練習⑥
16分音符3つ割りを応用

練習テーマ

16分音符を3つで割ったリズムパターンを、手足のコンビネーション練習に応用してみよう。手足でのシングルとダブルの組み合わせは、とても使用頻度が高く、あらゆる楽曲で応用されている。ここではいろいろな手順の組み合わせを練習しよう。

上達チェックポイント

力を抜いてできましたか？	YES / NO
目標の感覚は得られましたか？	YES / NO
イメージ通りの音は出せましたか？	YES / NO
自分を客観視できましたか？	YES / NO
今日も楽しく練習できましたか？	YES / NO

基本パターン　難易度 ★★★☆☆

基本パターンは、「RRL」「RLL」の3連を16分音符3つ割りしたスティックコントロールを、手足のコンビネーションに応用して練習しよう。曲の中で、フレーズとして無意識に使っていることもあるかもしれないが、リズムをしっかりと理解して的確に演奏できるようにしよう。

譜面50-1 ♩=100

譜面50-2 ♩=100

ステップ1

「RRL」や「RLL」の「R」を両手に、「L」の部分バスドラムに置き換えて、手足のコンビネーション練習として応用する。ステップ①では、1拍3連で、3つの音を確認しよう。足のコントロールがやりにくく、「ババドン」や「バドドン」のように16分音符と混合しないように、3つキレイに並べることを意識しよう。

練習日

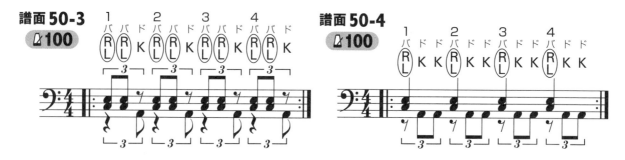

譜面50-3 ♩=100　　譜面50-4 ♩=100

ステップ 2

ステップ②は「RRL」や「RLL」を16分3つ割りの「3・3・2」に置き換えて練習。リズムが窮屈になってしまいやすいので、足を上げるポイントを確認し、滑らかに演奏できるようにしよう。やりにくい場合は、ステップ①に戻り3連の音と動きを確認し直そう。

ステップ 3

ステップ③では、「RRL」や「RLL」を「3・3・3・3・4」に置き換えて練習しよう。手足のコンビネーションになると、「3」のイメージが強くなるので、拍を見失わないように気をつけよう。3連の音型と、1拍4連の音型の2つのイメージを持って練習する。

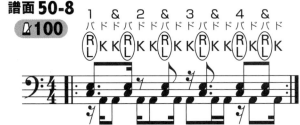

ステップ 4

ステップ④では、ステップ③の「3・3・3・3・4」の音型で、片手ずつ練習する。両手同時で行うよりも足がつられやすくなるので、足を上げるタイミングなど、動作をしっかりと確認して練習。動きに慣れたら、手で叩いている場所をあらゆる手順や場所に置き換えて練習できると、手足がしっかりと分離されて表現の幅が広がっていく。

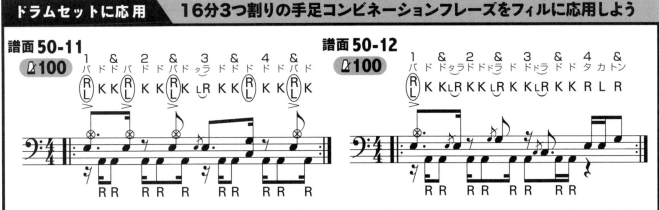

「パドド」が「パドドン」になるなど、バスドラムのダブルのリズムが崩れやすく、力も入りやすいので、やりにくいときは、3の音型「パドド」をしっかりと練習し直そう。

※「ドラムセットに応用」の模範演奏には1小節のリズムパターンを足しています。

ルーディメンツ

「ルーディメンツ」は、打楽器の基本的な奏法を集めたもので、演奏で使えるフレーズ集のようなもの。バンドのドラマーだけでなく、マーチングの世界でも、非常に重要な基礎として国際的に応用されている。現在、ルーディメンツはPercussive Arts Society（略称PAS）により、40パターンに定められている。まずはその中の26パターン。「Standard 26 American Drum Rudiments」を見ていこう。

01 | The Long Roll ロングロール（ダブルストロークロール） ♩90

02 | The Five Stroke Roll 5ストロークロール ♩80

03 | The Seven Stroke Roll 7ストロークロール ♩80

04 | The Flam フラム ♩80

05 | The Flam Tap フラムタップ ♩70

06 | The Flam Accent フラムアクセント ♩80

07 | The Flamacue フラマキュー ♩70

08 | The Drag ドラッグ ♩70

09 | The Single Drag シングルドラッグ ♩70

10 | The Double Drag ダブルドラッグ ♩70

11 | The Single Paradiddle シングルパラディドル ♩80

12 | The Double Paradiddle ダブルパラディドル ♩80

13 | The Flam Paradiddle フラムパラディドル ♩70

14 | The Flam Paradiddle-diddle フラムパラディドルディドル ♩70

15 | The Drag Paradiddle #1 ドラッグパラディドル#1 ♩60

16 | The Drag Paradiddle #2 ドラッグパラディドル#2 ♩80

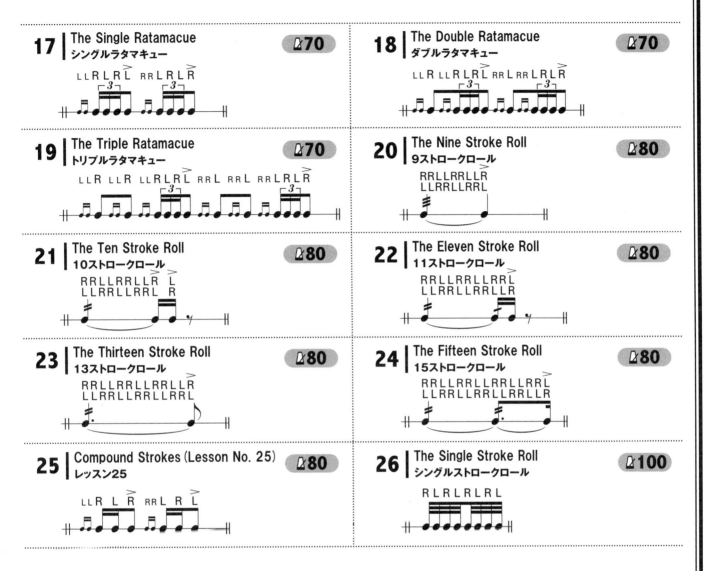

続いて、PASが新たに加えた、14種類のルーディメンツを見ていこう。

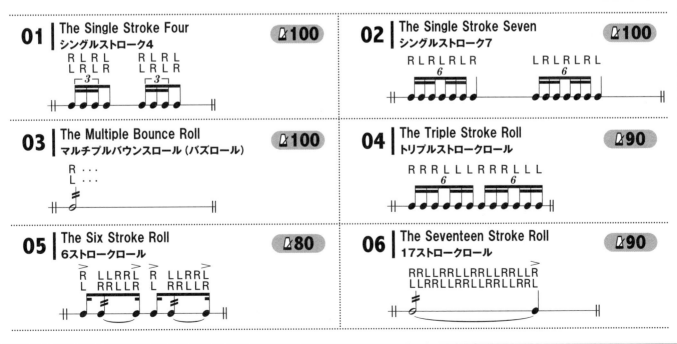

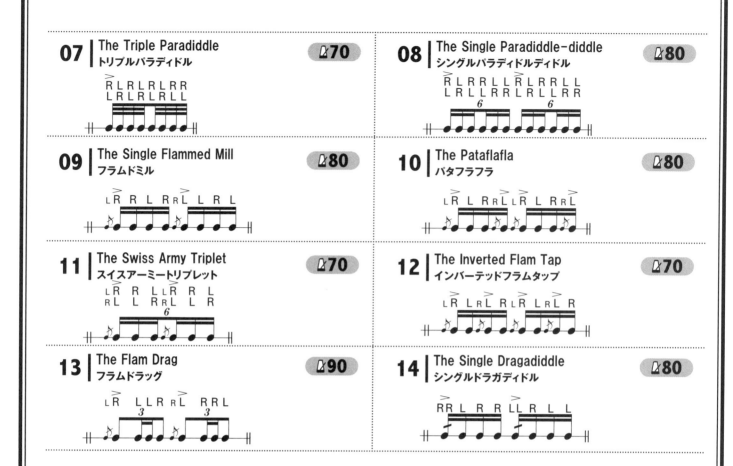

コンパウンドスティッキング

コンパウンドスティッキングとは、手順を数字とアルファベットで表したもの。数字はパターン全体の数。アルファベットはシングルストロークの数となる。[A＝R（シングルで1発）] [B＝RL（シングルで2発）] [C＝RLR（シングルで3発）] コンパウンドスティッキングは練習パターンや、フィル、リズムパターンなどのアイデアとして、幅広く活用できる。ここでは使用頻度の高いパターンを見ていこう。

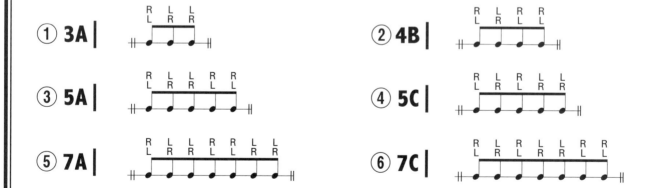

付属DVD について

本書は、音や実際の動きを映像で確認しながら進めていくことで、より効果的に学ぶことができます。

お手持ちのDVDプレイヤーまたはパソコンに付属DVDを挿入すると、本編が始まります。
DVDプレイヤーやソフトのチャプターボタンで前後のシーンにスキップできます。

DVDプレイヤーやソフトのMENUボタンにより、メニュー画面に戻ることができます。
メニュー画面では好きな章をお選びいただくことができます。

※DVDの映像は本書内のQR動画と同じものとなります。

好評発売中

ドラム練習パッド フレーズレシピ

490の打音集中トレーニングをドラミングに活かして劇的上達!

ドラムを始めた！とりあえず練習パッドも買った！
でも、どうやって練習すればいいか分からない、
カッコいいリズムパターンが思いつかない、
とっさにフィルに手が出ない……など、
悩める全てのドラマーにお贈りする、毎日使える練習メニューレシピです。
練習パッドのためのフレーズと、それを実際のドラムに置き換えたフレーズを計490掲載！

著者：**森谷亮太**
価格：2,200円＋税
A4判／128ページ（CD付）

動画サンプルも見られる
商品ページはこちら

Profile

森谷 亮太（もりたに りょうた）

ドラム講師。ドラマー。ライター。イベンター。
1986/9/18生まれ。11歳の頃よりドラムに興味を持ち叩き始める。
様々なバンド活動の中で、これまでにインディーズレーベルよりCD、DVDを多数リリース。
全国ツアー、海外公演、海外での飛び入りセッション経験多数。

2009年に開業した、ドラム教室【森谷ドラムスクール】では、累計500名以上の生徒と向き合い、
老若男女問わず、3歳から70代まで、初心者から上級者、日本武道館に出演のプロドラマーにもレッスンを提供。
ドラムの基礎の質はもちろん、わかりやすさ、親しみやすさなどで高い評価を受けている。
SNSでは1分レッスン動画『＃今日のプチレッスン』配信中。
YouTube、Instagramやtwitter などの SNS で配信したレッスン動画は累計2000本以上。

プロドラマーを招いた『スペシャルドラムセミナー』等のドラマーに役立つイベントも定期開催する、イベンターとしても活動。
また講師として活動する傍ら、サポートドラマーとして、プロ、アマで活動するアーティストや、他の音楽教室のドラムサポートを行うなど、
プレイヤーとしても精力的に活動している。

【ドラムセミナー共演】
komaki氏 / 池脇嘉一氏 / 菅沼孝三氏 / 神田リョウ氏 /FUYU氏 / 山背弘氏 / 守山迪也氏 / フリーザック氏 / ダイナ四氏 /etc…

【ドラムサポート経歴】
KISAKI/MIRAGE/Zedekiah/GLARD/GENNARI/YOW/Heath A.K/into the night/泥絶涅零斗/LOVE IS DEAD/
revolver of dante/Nechikko35/Stress and Neurose/ アルペジオミュージックスクール etc…

【寄稿】
サウンドハウス（ウェブマガジン）
スタジオラグにおこしやす（ウェブマガジン）

Information

森谷ドラムスクールは京都、大阪でレッスンを開校しております。
当スクールのレッスンは1コマ50分のマンツーマンレッスンです。
月1回からの受講が可能。1レッスンで2コマ（100分）も可能です。
老若男女問わず、3歳から70歳まで、初心者から上級者、日本武道館に出演のプロドラマーにもレッスンを提供しています。
『森谷ドラムスクール発表会』、プロドラマーを招いた『スペシャルドラムセミナー』、
初心者向けセッションイベント『初心者の為のセッション大会』などのイベントも定期開催。

【京都校】
月曜日〜金曜日 13時〜23時
レッスンスタジオ［studio RenS］　〒615-0057　京都市右京区西院東貝川町8

【大阪校】
日曜日 10時〜22時
レッスンスタジオ［Studio Viivo］　〒530-0037　大阪府大阪市北区松ケ枝町8-20

【web site】	http://moritani-drumschool.com
【mail】	info@moritani-drumschool.com
【公式LINE＠】	https://line.me/R/ti/p/%40mth2612n
【Instagram】	https://www.instagram.com/moritani_drumschool/
【Twitter】	https://twitter.com/moritani_drum

口ドラムでリズム譜に強くなる!
4STEP 上達法 615

発行所：株式会社アルファノート
URL：https://alfanote.jp/
発行人：四月朔日義昭

発行日：2019年12月12日 第1刷発行
　　　　2022年12月25日 第5刷発行
ISBN：978-4-906954-84-1
定価：本体2273円＋税

著者：森谷亮太
本文デザイン：西本 勲（studio130）
譜面浄書：オフィス・ノリフク
表紙デザイン・写真：ALFANOTE
録音・映像：四月朔日義昭
映像：四月朔日ゆき

 付属DVD取扱い上の注意
●このディスクはWindows、Macから読み取りが可能です。ディスクの複製、レンタル、放送及び公での上映・配信は法律によって禁止されております。
●ディスクが汚れたときや、読み込めないときは、眼鏡拭き等の柔らかい布で内周から外周に向かって放射状に軽く拭き取ってください。
●光学ドライブの読み取りレンズの汚れやホコリにより読み取り精度が落ちる場合もあります。（レンズクリーナーでのクリーニングをお試しください）
●ディスクは両面とも、鉛筆、シャープペンシル、ボールペン、油性ペン、マジック等で文字や絵を描いたり、シール等を貼付しないでください。
●直接日光の当たる場所や高温多湿の場所に保管しないでください。
●ディスクの上に物を乗せないでください。
●ディスクは使用後、必ず取り出し、ケースに入れて保管してください。
ⒸRyota Moritani

禁無断転載／乱丁・落丁は弊社にてお取り換え致します。
本書についてのお問い合わせは封書またはinfo@alfanote.jp宛にお願い致します。
本書記事／譜面などの無断転載は固くお断りします。

Ⓒ2019 by ALFANOTE Co,Ltd/Printed in Japan